DESCO NECTE-SE

RICHARDE GUERRA

DESCONECTE-SE

UMA JORNADA DE VOLTA À VIDA REAL

Thomas Nelson
BRASIL

Rio de Janeiro, 2023

Copyright © 2019 por Richarde Guerra.

Todos os direitos desta publicação são reservados por Vida Melhor Editora, LTDA.
As citações bíblicas são da *Nova Versão Internacional* (NVI), da Bíblica, Inc., a
menos que seja especificada outra versão da Bíblia Sagrada.

Os pontos de vista desta obra são de responsabilidade do autor, não refletindo
necessariamente a posição da Thomas Nelson Brasil, da *HarperCollins Christian
Publishing* ou de sua equipe editorial.

Publisher	*Samuel Coto*
Editores	*André Lodos Tangerino e Bruna Gomes*
Edição de texto	*Daila Fanny*
Copidesque	*Sonia Duarte*
Revisão	*Francine de Souza*
Diagramação	*Sonia Peticov*
Capa	*Rafael Brum*

Dados Internacionais de Catalogação na Publicação (CIP)

Angélica Ilacqua – Bibliotecária – CRB-8/7057

G964d
    Guerra, Richarde
    Desconecte-se: uma jornada de volta à vida real / Richarde Guerra. — Rio
de Janeiro: Thomas Nelson Brasil, 2019.
    208p.

    ISBN 978-85-7167-057-0

1. Vida cristã 2. Atualidades 3. Vício em internet I. Título

19-1514
    CDD: 248.4
    CDU: 248.12

Thomas Nelson Brasil é uma marca licenciada à Vida Melhor Editora LTDA.
Todos os direitos reservados à Vida Melhor Editora LTDA.
Rua da Quitanda, 86, sala 218 – Centro
Rio de Janeiro – RJ – CEP 20091-005
Tel.: (21) 3175-1030
www.thomasnelson.com.br

POR QUE RECOMENDO ESTE LIVRO

As novas tecnologias de comunicação evidenciaram grandes tensões que existem dentro de cada um de nós: ela conecta pessoas distantes, mas muitas vezes separa aquelas que estão uma ao lado da outra. Neste livro, meu amigo Richarde Guerra traz apontamentos sábios para não tropeçarmos em nosso coração enganoso. Precisamos resistir à nossa inclinação a fugir das responsabilidades com o próximo e nos isolarmos. Um texto essencial para o cristão contemporâneo.

DAVI LAGO
Pastor conferencista e autor de várias obras, como o *best-seller Formigas*

Primeira coisa: não se assuste com o título do livro, *Desconecte-se*. A ideia de desconectar-se do mundo altamente tecnológico em que vivemos é muito chocante para todos nós quando praticamente dependemos de um a mil aplicativos. Mas a proposta não poderia ser mais convidativa: através de uma leitura superagradável, resultado de uma linguagem simples, santa e envolvente, o pastor Richarde Guerra, com esse dom maravilhoso vindo de Deus, vai envolver você nesta aventura pela Bíblia... E no final da leitura, você estará mais conectado a Deus que antes.

ANTÔNIO CIRILO
Adorador e pastor da Igreja Batista de Contagem

Desconecte-se é um livro fundamental e necessário para o cristão contemporâneo. Em nenhum momento na história da humanidade tivemos tantas facilidades tecnológicas e tantos desafios como os oriundos desta revolução digital. O diferencial do livro do meu amigo pastor Richarde Guerra está no equilíbrio de sua proposta: ao mesmo tempo em que não condena o uso da internet em suas mais diferentes formas, faz um alerta a respeito da importância de separar momentos "analógicos" em nossa jornada. Prepare-se para uma grande viagem, pois cada uma das paradas propostas pelo autor vai mostrar que é possível sim viver com moderação conectado à sociedade, para que você, leitor, possa fortalecer, cada dia mais, sua conexão com Deus.

EDUARDO MEDEIROS

Mestre em História Medieval, pastor da Igreja do Evangelho Quadrangular de Curitiba e autor dos livros *Devocional Pop* e *40 dias com os Vingadores*

Viajar pode ser uma aventura com lembranças muito positivas ou pode ser um desastre total. Viajar com o apóstolo Paulo, tendo como guia o pastor Richarde Guerra, é certeza de que a viagem valerá a pena. Em um mundo onde se caminha pisando fundo no acelerador, é mais do que urgente separarmos um tempo para refletir, realinhar e recomeçar. Esta é a proposta do livro: desconectar-se por um momento para que a vida não te leve por estradas que você não deseja trilhar. Não temos como interromper a viagem, mas podemos fazer paradas de verificação, olhar as placas, consultar a Bíblia, aprender com os erros e acertos de outras pessoas e nos conectarmos a Deus, para a certeza de o destino correto estar à vista. Diante de uma leitura bem-humorada e recheada de inteligência, criatividade e paixão, mais uma vez somos desafiados a superar os desafios de nossa época, usando mapas antigos da Bíblia e um guia seguro: Jesus. Boa viagem!

EDUARDO BORGES

Pastor e líder de jovens da Oitava Igreja Presbiteriana de Belo Horizonte

Nesse livro, Richarde Guerra aborda um assunto de suma importância. O que é mais valioso, manter-nos atualizados com as redes sociais e sofrermos na intimidade com o Espírito Santo, ou priorizarmos o nosso relacionamento com Deus mesmo nos "custando" a conexão constante com os acontecimentos mais atuais? Desconecte-se para conectar-se verdadeiramente!

ISAÍAS HUBER

Pastor da Paz Church e líder global do movimento DIFLEN

Tenho acompanhado o Richarde há mais de vinte anos, e vejo um dom em sua vida muito claro tanto na percepção do mundo a sua volta quanto na capacidade de traduzi-lo para essa geração do novo século. Nesta obra, mais uma vez ele traz essa relevância de forma contundente e acessível. Embarque nessa maravilhosa viagem!

MÁRCIO VALADÃO
Pastor sênior da Igreja Batista da Lagoinha

Richarde Guerra, é sem dúvida, alguém que sabe e testemunha constantemente o sofrimento de muitos da nossa geração em se desconectar da irrealidade da vida. Com propriedade e sabedoria, podemos aprender e viver a verdadeira ligação que importa e manifesta a eternidade em tudo que somos e fazemos. Um livro incrível e de grande ensino para todos.

ANDRÉ VALADÃO
Pastor da Lagoinha Orlando Church

Pastor Richarde Guerra é um líder que inspira. Comprometido com a unidade da igreja e disposto a equipar os que desejam crescer na fé, traz consigo uma mensagem atual, despojada e relevante. Em *Desconecte-se*, ele nos convida a alcançarmos novos postos espirituais, à medida que nos aventuramos a despirmos do velho homem e abraçarmos a fé em Deus. Tenho certeza de que este livro vai te desafiar a mexer no armário da vida, te ajudar a identificar roupagens que não lhe servem mais e provocar uma reflexão sobre quanta novidade em Deus você ainda pode experimentar!

MICHEL PIRAGINE
Pastor da Primeira Igreja Batista de Curitiba

Essa obra do meu amigo Richarde Guerra é uma resposta para um dos maiores desafios da atualidade. Por meio dessa leitura, você será capaz de enxergar o quanto está preso e também encontrará um caminho de fuga para reencontrar-se com sua verdadeira identidade. Certamente é uma leitura obrigatória para todo aquele que quer mais do que sobreviver.

LEONARDO CAPOCHIM
Diretor do Seminário Teológico Carisma e pastor da Igreja Batista da Lagoinha

Sempre podemos esperar uma palavra transformadora vinda do Pr. Richarde. Sou muito abençoado e renovado por cada revelação, ensino e direção liberadas pelo Espírito Santo através da vida dele. Tenho certeza de que este livro destravará destinos e mudará a realidade de todos que lerem o que está contido em cada página!

VITÃO
Pastor da Lagoinha Barra da Tijuca

O Pr. Richarde Guerra é, sem dúvida, uma das pessoas mais incríveis que já conheci, e seu conhecimento e sua vida me inspiram. Todas as suas obras escritas são leituras fascinantes, assim como esta, onde você será convidado a se desconectar para viver uma experiência real com o Criador. Um convite a se desconectar é, no mínimo, estranho em um mundo tão "conectado". O fato é que, de tempos em tempos, precisamos de alguém levantado por Deus para nos lembrar que somos peregrinos. Tal tarefa é nobre, já tendo sido executada por grandes homens, como o salmista Davi, o Apóstolo Pedro, o ilustre John Bunyan, dentre outros. Após essa lembrança, cabe a nós, leitores, o desafio de recalcularmos a rota, utilizando o mapa que o autor nos empresta: o livro de Efésios.

A medida em que lemos, vamos compreendendo, então, que o destino a qual temos que chegar não se trata de um "onde", mas sim de um "quem", ou melhor, dois. Quem somos de fato e quem ele é. O que Richarde nos mostra — e a internet não conta — é que voltar para a rota é voltar para uma pessoa e, por fim, à medida que voltamos à essa pessoa, descobrimos que já não somos tão forasteiros assim, mas parte da família de Deus. É um desconectar-se para conectar-se... O convite está feito, e o mapa, em mãos. Boa jornada e boa leitura!

LUCAS ABRAHÃO
Pastor da Comunidade Evangélica Reviver de Macapá

Este é um livro fantástico e provocativo. Precisamos realmente aprender a nos desconectar, a fim de reconectarmos ao que é preciso, sem desvios ou deformidades. Com criatividade e inteligência, o autor expõe o ensino do apóstolo Paulo à igreja de Éfeso, que, sob a inspiração de Deus, ultrapassa os séculos, sendo atual, necessária e fundamental para nós que vivemos a era da 4ª. Revolução Industrial. Parabéns ao Richarde Guerra pela iluminação e dedicação que propiciou-nos este livro e também a todos que vão viajar nesta tão edificante obra.

MARTINHO MENEZES JÚNIOR
Pastor da Primeira Igreja Batista de João Pessoa

Desconecte-se, com toda certeza, é uma mensagem crucial para vivermos uma vida saudável e profunda no relacionamento com Deus, família e amigos. Richarde, de forma prática e clara, nos ajuda a sair da *Matrix* e nos conectarmos à realidade novamente.

LUÍS FELIPE (PIPE)
Pastor da Lagoinha Mineirão

AGRADECIMENTOS

Em primeiro lugar agradeço a Deus, que sempre tem me inspirado e ajudado a entender o mundo a nossa volta e a traduzi-lo em forma de letras. A minha querida esposa Priscila, que pacientemente tem acompanhado todo o meu trabalho nos últimos vinte anos de casamento e eterno namoro. Ao meu querido pastor Márcio Valadão, que tem me permitido andar ao seu lado e aprender muito, que tem me confiado tantas responsabilidades, inclusive na área de comunicação, o que me ajudou demais na confecção deste material. A toda a equipe da Thomas Nelson Brasil, que me permitiu estar nesta casa com pessoas tão talentosas e dedicadas, sem as quais a esse projeto não teria dado à luz: a Samuel Coto, André Lodos, Daila Fanny, Rafael Brum, Sonia Peticov e todos os demais envolvidos meu muito obrigado. Finalmente, dedico a todos aqueles que querem se desconectar um pouco deste mundo louco e, desta forma, fazer uma conexão de banda larga e fibra ótica com Jesus.

SUMÁRIO

PREFÁCIO   15

RECALCULANDO A ROTA   17

ALTO CHAMADO   24
Primeiro posto

PURA VERDADE   54
Segundo posto

XÔKAPÊTA   84
Terceiro posto

BOA ESCOLHA   108
Quarto posto

SANTA LÍNGUA   136
Quinto posto

FELIZ CIDADE   162
Sexto posto

VOCÊ CHEGOU AO SEU DESTINO   201

PREFÁCIO

Nossa sociedade vive hoje a bordo de uma revolução tecnológica que tem mudado a forma como vivemos, trabalhamos e nos relacionamos... Em um intervalo de apenas 20 anos, tivemos mudanças extremamente significativas. Coisas que antes levavam um século para acontecer, como na época da Revolução Industrial, são como a nova descoberta do fogo — mudam a vida numa velocidade impressionante. Tudo isso tem a ver com os avanços na tecnologia da informação, com a ascensão da internet e a evolução das redes sociais, que afetam o modo como as pessoas se relacionam hoje.

Estamos conectados 24 horas por dia, e os dispositivos, principalmente o celular, viraram uma extensão do nosso corpo. É inegável que o acesso à informação por meio dos *smartphones* e plataformas digitais causaram um impacto irreversível na nossa vida, e ignorar isso seria o mesmo que dar as costas para o futuro e cair no obsoleto, que nem aquelas empresas que investiram em filme fotográfico na época da câmera digital ou as que acreditaram que as pessoas continuariam a se comunicar por cartas na era do WhatsApp.

Por outro lado, junto aos benefícios das novas tecnologias, vieram também os seus problemas. As pessoas parecem estar perdidas, desconectadas do mundo, vivendo uma realidade virtual, achando que seus 1 milhão de seguidores importam, quando, na verdade, estão sozinhas e sem rumo. Essa desilusão, causada pela overdose de tecnologia, tem as levado a desenvolverem transtornos emocionais, físicos e espirituais, tornando-se um problema para a saúde humana e para os relacionamentos interpessoais, e é disso que este livro trata.

Caminho com Richarde há mais de 20 anos, liderando juntos milhares de jovens. Conheço a sensibilidade dele pra ler e entender o mundo à sua volta, suas constantes mudanças e os seus novos desafios. Ao ler esse livro, vejo mais uma vez uma reprodução muito fiel a respeito dos desafios das múltiplas realidades que constituem esse jovem século XXI. Sua linguagem acessível para tratar de assuntos profundos e desafiadores é chave para atingir essa juventude que não larga o celular e não para de tirar selfies.

Neste livro, meu querido amigo Pr. Richarde Guerra fala da relação entre o mundo on-line e sua influência na nossa vida off-line. Ele traz uma proposta de uma nova rota: *desconectar-nos*. Utilizando um paralelo da orientação que Paulo dá aos Efésios em sua carta, o autor busca levar o leitor a percorrer um caminho que o conduzirá à mente de Cristo. Longe de ser um texto acadêmico, exegético ou de tom professoral, ele nos convida a uma viagem instigante pelo caminho que Paulo trilhou para entender a terra em que nós temos pisado nos dias de hoje, com linguagem descontraída, mas sem perder o rigor teológico e o respeito às Escrituras.

Será que temos buscado as coisas de Deus dedicando o mesmo tempo e entusiasmo com que buscamos as coisas on-line? Essa é uma das perguntas que eu desafio você responder ao final da leitura deste livro. Foi mais ou menos isso que o Senhor Jesus perguntou para os discípulos lá no Getsêmani quando disse: "Poxa, nem por uma hora vocês podem ficar comigo?"

A proposta não é que vivamos 100% fora da vida digital, mas que a nossa principal conexão seja com o Pai. Prepare sua mochila, desconecte-se e deixe que Jesus seja o seu maior influenciador!

Pr. Lucinho Barreto
Líder de jovens da Igreja Batista da Lagoinha

RECAL CULANDO A ROTA

Eu não obedeço ao Waze. Pronto, falei.

Quero dizer, não é que não obedeço. Vou seguindo o mapa quando não tenho a menor ideia de onde estou. Mas quando *acho* que já sei onde estou, vou contrariando as indicações do Waze, o qual fica repetindo: "Recalculando a rota, recalculando a rota", até que perco a paciência e encerro a navegação. Mas quase sempre perco o caminho também, e me rendo mais uma vez à voz irritante do Waze, prometendo a mim mesmo que, dessa vez, vou obedecer di-rei-ti-nho a tudo o que ela mandar. De quando em quando dá certo.

Quantas vezes a gente se perde na vida? Tenho a impressão de que reencontrar o meu caminho é uma tarefa diária. E quanto mais o mundo acelera, mais rápido temos de conduzir nossa vida; e com mais frequência não reparamos nas placas de sinalização que nos indicam onde deveríamos entrar. Acabamos perdidos, de novo.

Estamos vivendo a era mais rápida de toda a história humana. Trata-se de um momento histórico inigualável, chamado de quarta Revolução Industrial. A primeira — você conhece das aulas de História (ou dos programas de algum canal da TV a cabo) — aconteceu no século 18, por volta de 1760, com a criação e utilização de motores a vapor. Foi o começo da mecanização de indústrias, principalmente na área têxtil e no ramo da agricultura. A segunda Revolução veio com a invenção da eletricidade, por volta de 1850, o que permitiu a produção de artigos em massa, já que a dependência da mão de obra humana na manufatura de itens se tornou menor. A terceira Revolução aconteceu no século passado, tendo seu start entre as décadas de 1950 e 1970, com a popularização da eletrônica, da tecnologia da informação e das telecomunicações.

A quarta Revolução Industrial — a *Indústria 4.0* para os íntimos — é marcada por nanotecnologias, neurotecnologias, robôs, inteligência artificial, biotecnologia, sistemas de armazenamento de energia, drones e impressoras 3D.[1] É o que estamos vivendo hoje, quando o seu banco disponibiliza uma atendente virtual para tirar suas dúvidas, quando seu dentista imprime uma prótese 3D para completar seu sorriso banguela, ou quando Jeff Bezos pensa em manter um estoque dirigível da Amazon sobrevoando as cidades, com drones-entregadores batendo à sua porta em lugar do carteiro.[2]

Estamos concretizando algumas profecias feitas pelos futuristas e autores de ficção científica do passado, mas estamos indo além, progredindo a passos rápidos. Repare, por exemplo, no intervalo que se passou de uma revolução para a outra:

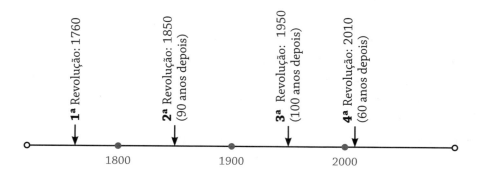

As mudanças caminham na ultravelocidade da internet de banda larga. Só que, diferente do meu Waze, ou do seu Google Maps, não temos, como humanidade, um destino definido. Em outras palavras: ninguém sabe aonde isso irá nos levar. Alguns supõem, outros arriscam, mas ninguém tem certeza.

Neste turbilhão de transformações, estamos você e eu com nosso modesto smartphone, tentando baixar (ou apagar) o vídeo de gatinho que a tia mandou no grupo da família. Parecemos frágeis diante dessa revolução toda. E somos mesmo. Nossa única vantagem é que podemos saber onde estamos indo, e caminhar com firmeza neste sentido, sem nos deixar levar pelas distrações deste admirável mundo novo no qual vivemos.

Talvez você saiba qual é seu propósito. Ou talvez tenha se esquecido dele. Seja como for, a melhor maneira de colocá-lo em foco é diminuindo o som do rádio, saindo da pista, abrindo o mapa e vendo onde estamos e onde deveríamos estar.

Em outras palavras, é preciso *desconectar*, pelo menos por um instante.

Este é o meu convite para você durante a leitura deste livro. Dar um pause na vida para reencontrar a realidade de quem você é em Cristo. Depois, agir de acordo com isso em todas as áreas de sua vida, principalmente naquela que mais carece de novas rotas: o mundo digital.

POR QUE DESCONECTAR?

Nem sempre nos damos conta do quanto somos influenciados, e até moldados, pelas ferramentas que usamos. Violonistas quase sempre têm calos nos dedos. Caminhoneiros geralmente têm o braço esquerdo mais bronzeado que o direito. Nosso corpo se adequa à ferramenta, às condições de trabalho, ao ambiente em que está. Muitas pessoas só percebem o quanto foram afetadas pelo ambiente quando trocam de ares.

Isso vale também para o mundo digital. As características do mundo on-line, independentemente da plataforma que você utiliza para acessá-lo (celular, tablet, computador etc.), acabam nos formatando na vida off-line e, sem que a gente perceba, começam a integrar quem somos. Estudiosos e pesquisadores do ramo têm listado algumas mudanças que o uso intenso das ferramentas digitais está causando no comportamento e na mente de nossa geração:

- vício em distração;
- ânsia por aprovação imediata;
- desalfabetização;

- solidão;
- perda de significado;
- medo de ficar desatualizado. [3]

Considere o "vício em distração", por exemplo. Pergunte a qualquer pastor que está na ativa desde a década de 1990 se hoje é mais difícil conseguir a atenção do povo durante a pregação. Ele muito provavelmente dirá que sim. Não que as pessoas fiquem olhando para o celular durante o culto (embora isso aconteça, infelizmente). A questão é mais profunda: ainda que o pastor recolha o celular de toda a congregação e tranque-os todos numa caixinha, durante os 50 minutos do sermão — ok, pode ser até 30 minutos — a mente dos ouvintes ficará vagando de um ponto a outro porque ela aprendeu a funcionar apenas quando está fazendo 1001 coisas ao mesmo tempo. O celular lhe proporcionou uma "oportunidade" de ser multitarefa — ouvir música, conversar com um amigo, jogar um joguinho e usar o Waze — e isso, de certa forma, formatou a cabeça para só operar em modo multitarefa. Ela não sabe mais ser monotarefa.

Coitado do pastor que tem de sambar, passar vídeo, contar piada, fazer apelo, convidar o pessoal para repetir frases e mais tantas outras coisas a fim de manter a atenção da galera. Muitas vezes, ele acaba é se perdendo entre tantos artifícios.

E nós também. Entre tantas distrações e ocupações, não perdemos só o propósito da vida, mas até mesmo o nosso jeitão de ser. Nossa geração tornou-se um bloco de pessoas pasteurizadas, todas com a mesma cara e o mesmo gosto, formatadas e padronizadas pela web. Como numa cena de terror num filme de ficção científica, acabamos repetindo as ações e reações de todo mundo. Só que, de dentro da *Matrix*, fica difícil perceber que estamos copiando uns aos outros e que, ao invés disso, poderíamos agir de forma diferente. Sim, é possível usar as ferramentas digitais como quem tem propósito na vida, e não como robôs pré-programados para obedecer ao servidor central.

Deixo claro que não tenho nada contra a internet. E nem poderia ter, já que este livro foi quase que integralmente feito com a ajuda dela. Pelo contrário: reconheço os benefícios que a revolução digital trouxe à nossa geração, e também confesso que já não é possível viver sem ela. Não é melodrama não, trata-se da mais pura realidade. Porém, não podemos ignorar que essa revolução trouxe, da mesma forma, desafios bem particulares, como também a proliferação de pecados específicos — não que não existissem antes, mas é que agora se tornou mais fácil ou até mesmo comum cometê-los.

Assim, não vou ser ingênuo a ponto de dizer que temos de viver totalmente off-line, como se isso fosse resolver o problema espiritual e existencial do homem; tampouco vou sugerir irresponsavelmente que o que acontece on-line fica on-line. Meu propósito é incentivá-lo a permanecer on-line, mas que se desconecte um pouco, dê aquele passo atrás para ver a figura toda e, depois, volte à conexão, mas de modo que seu chamado divino fique evidente e influencie seu comportamento na rede.

PONTO A PONTO

Vamos seguir um roteiro para a desconexão. Esqueça o Waze, a estrada ampla e moderna, e a cobrança automática de pedágio. Esqueça as facilidades. Vamos colocar o pé na estrada com um mapa na mão, uma garrafa d'água na outra e um mochilão nas costas. Nada melhor que uma viagem para ver a vida em perspectiva; nada como sair do cotidiano para ressignificar as demandas do dia a dia.

Quem vai nos guiar nessa jornada é o querido apóstolo Paulo, o guru das viagens do Novo Testamento. Não tem ninguém que manje mais de colocar a trouxinha nas costas, sair da zona de conforto e desbravar o desconhecido.

Para a viagem, vamos utilizar o mesmo mapa que Paulo entregou aos efésios cerca de 1960 anos atrás. "Ah, mas esse mapa é muito velho!". Velho não, *vintage*. Mas tem de ser assim, porque mapas do tesouro sempre são velhos. Porém, nunca deixam de ser precisos, assim como os tesouros não perdem seu valor. O tesouro que os efésios receberam lhes mudou a vida lá no ano do guaraná com rolha, mas ele ainda é relevante e transformador para você, que pede seu guaraná pelo iFood.

Pegue sua bússola e confira o itinerário:

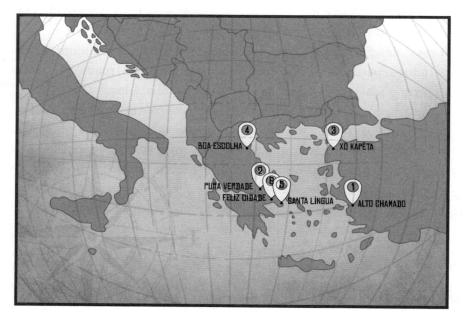

Esse foi o trajeto que o apóstolo Paulo percorreu e repassou aos irmãos de Éfeso em Efésios 4:17-32. Nós, quase dois milênios depois, iremos percorrer o mesmo caminho, ressignificando nossa existência nesse turbilhão digital, antes de sermos devorados por ele.

Em nossa viagem, passaremos por seis postos. Cada um deles foi inspirado em lugares reais, os quais você pode conhecer ao inserir as coordenadas geográficas em seu aplicativo de navegação. O primeiro fica perto. Nele receberemos instruções para a jornada. Veremos qual é nosso supremo chamado espiritual em Cristo, e quais as implicações disso em nossa vida, seja on-line, seja off-line.

Depois disso, atravessaremos cinco etapas que refletem os cinco imperativos de Paulo aos efésios; cinco desdobramentos práticos de uma vida santificada por sua conexão com o Filho de Deus. São paradas interessantes, cheias de coisas para fazer e conhecer. Aconselho você a tirar a mochila, armar a barraca e o colchão inflável e passar uma noite em cada parada, antes de seguir para a próxima. Assim, poderá absorver todos os belos pontos de vista que cada etapa da viagem tem para lhe oferecer.

Por fim, chegaremos ao nosso destino. Lá, você verá que cada curva da estrada possuía um propósito específico, que cada parada da viagem foi designada pelo próprio Deus para nos conduzir ao objetivo máximo de nossa existência. E, que esse objetivo é tão grande e supremo que não dá para ignorá-lo nem mesmo quando estou interagindo on-line.

Está pronto? Deixe uma mensagem de "Ocupado" em seu status, e guarde o celular — de preferência num lugar bem longe, tipo, dentro da máquina de lavar roupas. Pegue sua mochila, e tenha uma ótima jornada.

Notas

[1] Valeria Perasso. "O que é a 4ª revolução industrial - e como ela deve afetar nossas vidas". Disponível em: < www.bbc.com/portuguese/geral-37658309>. Acesso em: 10 de junho de 2019.

[2] No início de 2019, circulou nas redes sociais um vídeo de um enorme dirigível com o logotipo da Amazon fazendo entregas por meio de drones. As imagens provaram ser falsas, mas a ideia por trás do vídeo era verdadeira: em 2014, a Amazon registrou nos EUA a patente de um dirigível que faria entregas por meio de drones. E em 2016, o PrimeAir — um sistema de entregas feito por veículos aéreos não tripulados — começou a ser testado.

[3] Estes são os títulos de alguns dos capítulos do livro *12 ways your phone is changing you* [12 maneiras em que seu celular está mudando você], escrito por Tony Reinke (Wheaton: Crossway, 2017).

ALTO CHAMADO

Primeiro posto

LEMA

"Quanto à antiga maneira de viver, vocês foram ensinados a despir-se do velho homem, que se corrompe por desejos enganosos, a serem renovados no modo de pensar, e a revestir-se do novo homem, criado para ser semelhante a Deus em justiça e em santidade provenientes da verdade" (Efésios 4:22-24)

Deixe suas coisas aí no chão e aproveite a vista. Como hoje não tem performance aqui no teatro, podemos ficar o tempo que quisermos, sem nos incomodarem. Se você preferir, pode se sentar na arquibancada. Mesmo sentado, dá para observar bastante coisa.

Veja que belas as montanhas ao nosso redor, elas parecem abraçar a arquibancada. Atrás daquelas montanhas lá na frente fica o mar Egeu, onde está o porto de Éfeso. Se seguir direto por essa rua, a Avenida Árcade, você chega ao porto. Acho essa avenida muito linda, com esses pórticos e colunas.

Foi aqui, neste teatro de arena, que os efésios ficaram gritando, por duas horas "Grande é a Ártemis dos efésios"[1]. Dizem que nesta arquibancada cabem quase 25 mil espectadores. Enorme, não é? Mas se você pensar que em Éfeso vivem 300 mil pessoas, não é tão gigante assim.

Na cidade tem gente de tudo quanto é canto. Tem uma grande colônia de judeus; Priscila e Áquila moraram aqui por um tempo.[2] Há também bastante romanos, porque o consulado romano para a província da Ásia fica em Éfeso. Por causa do porto, a cidade também está cheia de estrangeiros de toda a província, que vêm a negócios. Além de ter um grande porto, Éfeso também é o ponto final das caravanas que vêm do Leste. Não é à toa que chamam esta cidade de "Empório da Ásia". Se você quiser fazer bons negócios, tem de vir para cá.

Mas tem outra coisa que atrai muita gente para a cidade: o templo de Ártemis. Não dá para vê-lo daqui, ele fica atrás dessas montanhas à nossa esquerda. Mas ele é enorme! Dizem que é o maior edifício nessas terras gregas. Vem gente de todo lugar adorar a deusa, que, para os adoradores, é a guardiã da fertilidade das mulheres, dos campos e dos animais. Você pode imaginar que se ela é a deusa da fertilidade, então o jeito de adorá-la é... isso mesmo, fazendo sexo. Todas as sacerdotisas do templo são prostitutas, e ninguém sabe ao certo quantas são.

Talvez seja melhor mesmo a gente ficar só aqui no teatro, em vez de ir para lá. Porque além de servir de "bordel", o entorno do templo é também um centro comercial muito movimentado. Funciona até como banco. Mas o que realmente sustenta a economia local é a venda de estatuazinhas da deusa e do templo, que o pessoal leva para casa como souvenir de viagem. Acho que eles fabricam até imã de geladeira. O comércio é todo controlado pelo Sindicato dos Ourives. Eles lucram muito com a venda de souvenirs.

Aliás, essa questão financeira é importante aqui em Éfeso. Tem muita gente rica na cidade. Na Rua dos Curetes, aqui para trás do teatro, só tem casarão. A maioria dos chefões do Sindicato dos Ourives mora lá. O pessoal de Éfeso é tão rico que, quando o templo de Ártemis, esse aí que eu falei, foi incendiado uns anos atrás, eles recusaram a ajuda de Alexandre, o Grande, para fazer a reforma. Tem noção disso?! Eles dispensaram Alexandre, o Grande! Os efésios custearam sozinhos toda a reforma e, como contei, o templo não é nada pequeno!

Mas é claro que não tem só patrão; aqui tem escravos também, como em qualquer outra cidade grega ou romana. Muitos escravos, na verdade. Dizem por aí que Éfeso é o lugar certo para os romanos comprarem seus servos. Você estava achando que aqueles navios no porto eram só de mercadorias? Não, alguns deles também trouxeram pessoas, capturadas em lugares distantes na Ásia, que vão acabar sendo expostas e vendidas ali no mercadão, no fim da Rua dos Curetes. E além desses escravos, que estão de passagem, há cerca de 60 mil pessoas vivendo nessa condição na cidade. Acha muito? Tem cidades aqui perto em que há mais escravos do que homens livres! É terrível, eu sei, mas veja só que contradição: esses escravos têm encontrado uma liberdade com a qual seus mestres jamais sonharam. Sim, eles estão se libertando aos montes! Isso acontece quando descobrem o segredo de Alto Chamado.

Éfeso foi uma das cidades em que Paulo passou mais tempo ministrando. O capítulo 19 de Atos conta alguns episódios da estadia de Paulo na cidade. Ele viveu lá por aproximadamente dois anos e meio, ensinando diariamente, "de forma que todos os judeus e os gregos que viviam na província da Ásia ouviram a palavra do Senhor" (Atos 19:10).

Uma das características mais fortes de Éfeso era o interesse das pessoas no ocultismo, até mesmo por parte dos judeus (vs. 13-14). Depois de um episódio muito excêntrico, em que exorcistas ambulantes — imagino eles gritando "Expulso dois demônios por dez moedas! Dois demônios por dez moedas!" — levaram uma surra de um espírito maligno que tentavam expulsar, "todos os judeus e gregos que viviam em Éfeso foram tomados de temor" (v. 17). Alguns se converteram e abandonaram suas práticas ocultas. Uma igreja nasceu na cidade, muito operante e zelosa da Palavra de Deus (confira Apocalipse 2:2-3,6).

Era uma igreja cosmopolita. O Corpo de crentes de Éfeso era formado por judeus e gregos, bem como por pessoas livres e escravos. Todos foram igualmente atraídos pela mensagem de que "vocês não são estrangeiros nem forasteiros, mas concidadãos dos santos e membros da família de Deus" (Efésios 2:19). O evangelho, ao proclamar a mais completa igualdade espiritual entre homem e mulher, livre e escravo, judeu e gentio, revelou um princípio que atraiu os oprimidos, que se convertiam em grande quantidade. Repare, por exemplo, que após dar instruções sobre relacionamentos familiares, entre marido e mulher e entre pais e filhos, Paulo orienta especificamente os escravos (6:5-8), tamanha era sua presença na igreja local.

Porém, antes de chegar a esta parte mais prática da carta, o apóstolo lança as bases daquilo que deve motivar a santidade no viver do crente. Ele explica os fundamentos do Alto Chamado, do qual todos nós somos participantes.

PARA QUE SER SANTO?

Em toda a Palavra de Deus, no Antigo e no Novo Testamentos, o Senhor não aparece do nada e chama as pessoas para viverem de modo santo em sua presença. A exortação para um viver santo, separado, é sempre *decorrência* de algo que as pessoas receberam primeiramente de Deus. O Senhor sempre dá o primeiro passo em seu relacionamento com a humanidade.

Veja, por exemplo, o episódio do povo de Israel diante do fumegante monte Sinai. Sabemos que foi nesse monte que o Senhor ordenou os dez mandamentos e outras leis para o povo. Mas quando Moisés, que representava os israelitas, se encontrou com ele na montanha, o Senhor não disse: "Moisés, puxa uma cadeira e anota tudo o que Israel deve fazer para me agradar e não ser consumado pela minha santa ira". Nada disso. Deus começou seu discurso com as seguintes palavras: "Vocês viram o que fiz ao Egito e como os transportei sobre asas de águias e os trouxe para junto de mim" (Êxodo 19:4). O pretexto para a obediência e santidade de Israel não são a santidade e a justiça de Deus, mas seu amor pelo povo. Tanto é que ele não exigiu santidade das nações que viviam ao redor de Israel, pois não foi a elas que ele libertou e demonstrou amor.

Deus não pede obediência porque ele é Deus — se bem que não seria injusto agir assim. Em vez disso, o Senhor convida seu povo à obediência e à santidade com base naquilo que fez pelos seus.

Ser santo, então, seria o que devemos a Deus por causa de tudo o que ele nos deu? É um tipo de pagamento?

Pera lá, não é nada disso. A santidade é um convite de amor, e não um peso. Talvez seja difícil termos essa percepção por causa do significado de ser santo no pensamento coletivo atual.

Hoje em dia, quando chamamos alguém de *santo*, geralmente pensamos numa pessoa que vive fora do mundo real. Essa pessoa não deve ter nem e-mail nem celular. Ela vive meditando todos os dias de sua vida, e podemos apostar que é vegana. Ela nunca disse — nem pensou — um palavrão, nunca atrasou um boleto, nunca gritou com um atendente de SAC, nunca faltou em uma reunião de oração das senhoras (mesmo não sendo uma senhora). Aí, quando Deus diz coisas do tipo "Sejam santos, porque eu sou santo" (Levíticos 11:45), pensamos que a primeira providência que devemos tomar é cancelar nossa conta no Facebook e procurar um bom mosteiro para viver — e então poderemos ser santos.

Será que isso é santidade?

Não. A palavra *santo* significa, em sua origem, *separado, reservado*. Por isso Deus disse ao povo que "...se me obedecerem fielmente e guardarem a minha aliança, *vocês serão o meu tesouro pessoal dentre todas as nações*" (Êxodo 19:5a). Deus quer que seu povo seja santo para desfrutarem da sua presença!

O único lugar do universo em que o ser humano encontra alegria e satisfação totais é na presença do seu Criador (confira Salmos 4:7; 16:11). O Senhor sabe que é disso que precisamos. Só florescemos na presença dele, assim como uma planta só floresce quando recebe a luminosidade do Sol. Deus é o nosso sol da justiça, que traz, em suas asas, cura para as nossas mazelas físicas, espirituais e emocionais (Malaquias 4:2). Contudo, esses benefícios só podem ser experimentados em sua presença. Deus não embrulha bênçãos para viagem.

O pecado nos tirou dessa presença; nos afastou dessa glória (veja Romanos 3:23). A única maneira de estar na presença do Criador, nossa fonte eterna de alegrias, é sendo santo, pois "sem santidade ninguém verá o Senhor" (Hebreus 12:14). Assim, quando Deus diz: "Sejam santos, porque eu sou santo" (Levítico 11:44), ele não está jogando um peso nas nossas costas. Ele está fazendo um convite! "Venham desfrutar da minha presença! Vamos ficar juntos! Sejam santos, porque eu sou santo".

É verdade que esse convite tem pré-requisitos. Pré-requisitos altíssimos. É por aqui, então, que começaremos nosso tour por Alto Chamado.

TODAS AS BÊNÇÃOS QUE VOCÊ PODE IMAGINAR

Nosso Alto Chamado para uma vida de santidade na presença de Deus não está fundamentado no vácuo. Não é um plano sem pé nem cabeça que o Criador bolou para controlar suas criaturas. Esse chamado está fundamentado numa base muito sólida:

> Bendito seja o Deus e Pai de nosso Senhor Jesus Cristo, que nos abençoou com toda as bênçãos espirituais nas regiões celestiais em Cristo (Efésios 1:3).

ALTO CHAMADO

O mesmo Deus que nos chamou para uma vida de alto padrão de santidade *já* nos deu as bênçãos necessárias para viver segundo esse padrão.

E quais bênçãos recebemos? TODAS.

Todo o tipo de bênção, de graça, de benefício que possa existir no universo, *você já recebeu em Cristo*. Toma, já é seu. Pode levar para casa, pendurar na geladeira, guardar no armário, postar no Face, fazer o que você quiser: é seu. Tudo seu. Não existe nenhum tipo de bênção espiritual que o Pai já não tenha lhe dado. Não existe nenhuma bênção secreta esperando você atingir determinado nível de espiritualidade para poder desbloqueá-la e fazer download. Nada disso: você já recebeu o pacote completo de bênçãos, a versão full estendida, ampliada, com comentários do diretor e notas de rodapé. O box completo com todas elas. Não faltou nenhuma, e não haverá qualquer outra versão de bênção espiritual a ser lançada nos próximos milênios da eternidade. Mas se houver alguma, não tem problema: já é sua também.

O que a Bíblia diz que é seu, é seu. O Diabo pode dizer o contrário, a igreja pode dizer o contrário, seu coração pode dizer o contrário, mas não importa. Se você recebeu o Filho, recebeu as bênçãos. Elas fazem parte do pacote e não podem ser vendidas separadamente. Aliás, não podem ser vendidas em hipótese alguma, pois são gratuitas.

E o que são bênçãos espirituais? Boa pergunta. Acredito que toda a primeira parte da carta aos Efésios (capítulos 1—3) trazem respostas a essa questão. Mas logo na abertura, nos primeiros versículos da carta, Paulo faz uma lista do que obtivemos em Jesus. Não é uma lista exaustiva, mas já nos dá uma excelente ideia do que são as bênçãos espirituais que recebemos em Cristo:

- fomos escolhidos nele antes da fundação do mundo para vivermos na presença do Pai (v. 4);
- fomos predestinados para sermos adotados como filhos pelo Pai (v. 5);
- recebemos redenção (resgate) pelo seu sangue (v. 7a);
- recebemos perdão dos nossos pecados (v. 7b);
- recebemos a graça de Deus sobre nós (v. 8);
- recebemos a revelação da sua vontade (v. 9);

- recebemos o selo (a garantia) do Espírito Santo de que teremos uma herança (vs. 13-14).

UAU. Se essa é só a amostra, não imagino como será o trem inteiro. Podemos ter total certeza de que Deus não miguelou nenhuma bênção, porque "Aquele que não poupou seu próprio Filho, mas o entregou por todos nós, como não nos dará juntamente com ele, e de graça, todas as coisas?" (Romanos 8:32).

A essência de Alto Chamado é que Deus nunca exige nada de nós sem ter, ele mesmo, nos dado algo antes. Até mesmo qualquer demonstração de amor que façamos ao Senhor vem do fato de que ele nos amou primeiro (1João 4:19). Grave isto no seu coração: *Deus não requer que você viva em santidade para ele começar a gostar de você.* Essa é uma das maiores mentiras nas quais podemos cair. É uma mentira acerca de você, mas principalmente a respeito de Deus. Toda a Escritura é uma linda história sobre o amor de Deus que vai em direção do homem para resgatá-lo e trazê-lo de volta à sua presença. Não é o relato de um Deus carrancudo, exigente, mal-humorado e mal-amado, carente da atenção dos homens, e usando seu poder para se vingar de quem não dá trela para ele. Se houver algum deus assim, ele precisa urgentemente de terapia, talvez até de uma medicação. É um deus sem autoestima nenhuma, beirando a psicopatia.

O Deus que a Bíblia apresenta, que Paulo prega e no qual a Igreja crê é um Deus que se doa primeiro. Ele amou primeiro. Ele pagou primeiro. A iniciativa é dele, sempre foi. Ele sopra vida em nós, e não faz isso com segundas intenções, com o objetivo oculto de criar um exército de *minions* bitolados. Ele age para "mostrar, nas eras que hão de vir, a incomparável riqueza de sua graça, demonstrada em sua bondade para conosco em Cristo Jesus" (Efésios 2:7). Ele nos deu vida (v. 5) para sermos capazes de experimentar sua graça; e seu plano para nós é que fiquemos nos deliciando nessa graça durante o tempo eterno que Paulo chama de "eras que hão de vir".

Esse é o segredo de Alto Chamado. Você *não* foi chamado para servir, para fazer e acontecer em nome de Jesus. Você foi chamado para curtir Deus, viver na presença dele, conhecer sua graça, ser seu filho.

UMA RELAÇÃO DESCOMPLICADA

"Mas...". Depois de tanta notícia boa, tem de ter um "Mas". Quando expira a versão demo dessa graça toda? Quando é que vem a primeira cobrança?

Não tem, e não é pegadinha. É só isso mesmo. O Deus Criador do Universo mandou uma solicitação de amizade para você.

Parece simples demais? Que bom, porque é simples mesmo.

Estamos acostumados a relacionamentos complexos. As pessoas querem coisas de nós, e nós queremos coisas delas. As pessoas esperam coisas de nós, e nós temos expectativas em relação a elas. Raramente, muito raramente alguém nos chama no WhatsApp só para saber como está nosso dia. Depois do "Tudo bem?" quase sempre vem um pedido ou uma demanda.

Quando o outro chega sem pedir nada, ficamos desconfiados. Nossos relacionamentos, sob a influência do pecado, são governados por interesses egoístas. Não que sejam interesses maliciosos, mas eles sempre giram em torno do meu próprio bem. E ninguém está fora dessa. Jesus já cortou qualquer possibilidade de autopromoção quando disse: "Não há ninguém que seja bom, a não ser somente Deus" (Lucas 18:19).

Não somos bons e nem somos sinceros. Já reparou como conseguimos ter dois tipos de relacionamento com a mesma pessoa? Veja como tratamos alguém no mundo real e no mundo digital. Nas redes sociais, as pessoas se curtem o tempo todo. No WhatsApp, dão risada das piadas idiotas uma da outra (ou pelo menos é o que parece, quando mandam Kkkkkk como resposta). São atenciosas e simpáticas. Mas quando se encontram, parecem que não se conhecem. Não sabem nem como se cumprimentar, se com um abraço ou um aperto de mão. A impressão é que o que acontece on-line fica restrito ao ambiente digital.

Carregamos essa complexidade para nosso relacionamento com o Pai. Por isso, quando lemos que ele nos salvou para ficar mostrando sua graça a nós pelos séculos dos séculos, parece suspeito demais. Como assim, Deus não quer nada em troca? Como assim, o Todo-poderoso não tem uma lista de exigências e expectativas a meu respeito?

Esta é a boa notícia do evangelho: nosso Alto Chamado não se baseia em quem eu fui nem em quem eu poderei ser, mas unicamente na ação de Cristo em mim.

Sendo assim, Deus não precisa de seu serviço para se interessar por você. Sua santidade, aliás, não é nada atraente para ele, pois o máximo de santidade que conseguimos produzir em nosso estado natural são uns farrapos nojentos e sujos (confira Isaías 64:6). Sua performance no palco da vida merecia uns ovos podres, em vez dos aplausos do Criador.

Deus olhou para nós nesse estado calamitoso e nos amou *apesar disso*. Não é que tenha achado bonitinhas as nossas tentativas de sermos santos e justos por conta própria, pois elas, no fundo, são fruto de uma rebelião contra a sua pessoa. Ele nos amou apesar disso também. Ele cruzou o universo e atravessou o abismo dos nossos pecados para fazer de nós seu corpo, sua casa e sua família (segundo Efésios 4:4-6).

Dessa forma, você não entrou em Alto Chamado por causa do que você fez nem pode fazer. Seu chamado é por causa de quem Deus é e de quem você será nele.

A IMAGEM PERFEITA EXISTE?

Essa mensagem antiga é tão necessária hoje! Quem não está nem aí para qualquer coisa que possa receber de você, ainda que seja sua amizade ou seu afeto? Quantas pessoas gostam de você apenas por quem você é? Aliás, quantas pessoas realmente *sabem* quem você é?

Vivemos à base de performance o tempo todo. As mídias sociais se tornaram o cartão de visitas do mundo. E isso não é tudo: elas estão influenciando o jeito de nos apresentar ao outro, e também a forma pela qual vemos a nós mesmos.

Como brasileiros, preferimos usar imagens, em vez de palavras, para nos posicionar na internet. Isso se evidencia no fato de que, dentre as redes sociais disponíveis, a maioria dos brasileiros conectados está no YouTube (60%) e Facebook (59%) — redes altamente imagéticas. Só 27% está ativa no Twitter.[3] Mas você nem precisa de estatísticas para saber que isso é verdade. Quantas vezes as pessoas (e você mesmo) deram respostas no WhatsApp usando apenas *emojis* e figurinhas? 🧑‍🎤 🐹 👍 🙌 🙌 🙌

Como cultura, levamos a máxima "Uma imagem vale mais que mil palavras" ao pé da letra. Tanto é que muita gente nem se importa em colocar legenda para as fotos que posta, ou então, coloca legendas que não têm nada a ver com a imagem. O importante, afinal de contas, não é o que está escrito!

No entanto, estudo após estudo mostra que as fotos postadas nas redes sociais não são um retrato de quem somos, mas de quem queremos que os outros achem que somos. Complicado. "Estar no Facebook envolve um cuidadoso esforço de monitoramento da própria atividade de escolher, divulgar as imagens pessoais e observar a recepção de suas publicações nesse espaço, bem como da atividade semelhante de seus contatos na rede".[4] Estamos em alerta o tempo todo em relação ao que eu vou postar, à reação dos outros ao que eu postar, ao que os outros postarem e à minha reação ao post dos outros.

Hoje, a produção de imagens para as redes sociais chegou a um extremo de se contratar profissionais de fotografia para produzir a foto perfeita. Ou seja: não se fotografa um momento que se viveu. Em vez disso, se vive um momento para ser fotografado, um momento artificial que reflita os elementos que quero que as pessoas pensem a meu respeito.

Geralmente, esses elementos que escolho publicar não têm o objetivo de contar ao outro a minha história, mas de mostrar minhas preferências e meu estilo de vida.[5] Milhares de imagens postadas no Facebook não contam a biografia do usuário. Diferente dos velhos álbuns de fotografias, as imagens postadas nas redes, uma vez atualizadas, não serão mais vistas pelo usuário nem por seus contatos.[6] Elas não são memórias; são um portfólio, uma coleção de publicidade pessoal, com o intuito de impressionar e direcionar o que vão pensar de mim.

Assim, na era das mídias digitais, a pergunta "Quem eu sou?" não é respondida levando em consideração de onde eu vim (minha família), nem as situações que vivenciei (minha história), mas do que eu gosto e como me divirto. Nossa geração tem respondido a essa questão existencial importantíssima com performances artificiais.[7]

O QUE A INTERNET NÃO CONTA...

Não sou contra a internet, já falei isso. Mas não vejo como é possível responder com seriedade e profundidade à questão "Quem sou eu?" enquanto estivemos conectados. É como tentar se secar debaixo de um chuveiro ligado. Precisamos nos desconectar da rede e nos conectar ao

Alto Chamado. Lá, podemos descobrir três verdades essenciais acerca de nós mesmos. São essas verdades que nos conduzirão quando estivermos de volta à conexão.

1ª verdade: Você estava morto quando foi chamado

A Palavra de Deus revela que você não foi chamado com base no que fez, faz ou será capaz de fazer. Os filhos de Deus foram chamados enquanto estavam "... mortos em suas transgressões e pecados, nos quais costumavam viver, quando seguiam a presente ordem deste mundo" (Efésios 2:1-2a). Assim, a primeira característica de Alto Chamado é que ele é, acima de tudo, um chamado para a vida! São palavras capazes de acordar os mortos e fazê-los reviver.

Talvez essa revelação sobre sua pessoa pareça cruel, mas ela é, no fundo, tranquilizante. Não há nada que você faça que o leve a ganhar ou perder a atenção de Deus. Quem daria bola para um defunto? Deus deu. E se ele escolheu lhe dar atenção quando você era literalmente um peso morto, então não tem como perder essa atenção. Ela é total e irrestrita.

Essa é uma verdade que precisamos pregar a nós mesmos todos os dias, nessa época de competição e comparação injustas. Deus não nos chamou baseado em quantas avaliações positivas os outros fizeram a nosso respeito. Chamou-nos porque quis e nos sustentará dentro desse chamado por sua graça revelada em Jesus.

2ª verdade: Você foi chamado para um estilo de vida superior

Ao ter sido chamado por Deus, você não só saiu da morte para a vida. Você também recebeu acesso a um estilo de vida que ultrapassa tudo o que conhecia e havia experimentado. Jesus chama esse estilo de "vida plena" (João 10:10).

Foi Cristo quem conquistou esse estilo de vida para nós. Não se trata de algo que alcançamos por méritos próprios. É apenas por causa dele que podemos desfrutar dessas maravilhosas bênçãos decorrentes de nosso Alto Chamado:

- Ele nos religou ao Pai (João 14:6). Lá no Éden, o homem desobedeceu a Deus; abraçou o pecado por achar que ele o tornaria como Deus. Mas isso só abriu um abismo entre o homem e o Criador.

ALTO CHAMADO

Mesmo assim, o Senhor prometeu que um Homem viria para religar a humanidade ao Pai. Jesus não é um caminho alternativo, ele é o *único* caminho ao Pai. Por sua morte e ressurreição, fomos presenteados com a possibilidade de nos tornarmos íntimos do Senhor.

- Ele nos ungiu com o Espírito Santo (João 14:16). Depois que voltou para junto do Pai, Jesus enviou o Consolador, que habita em todos os santos. O Espírito se manifesta no Corpo e por meio dele com poder e maravilhas por meio de dons espirituais.
- Ele nos deu acesso à verdade (João 8:32). Veremos mais adiante em nossa jornada como o mundo digital se alimenta em grande parte da mentira que as pessoas postam sobre os outros e sobre si mesmas. Colhe-se o peso de viver longe da verdade, a opressão de ser quem não se é para agradar. Em Cristo, podemos dar a cara a tapa e sermos nós mesmos, com as limitações e forças que exprimem a forma com a qual Deus nos criou.
- Ele nos libertou (Gálatas 5:1). Somos livres do poder do pecado, da morte, da ação de espíritos malignos, mas também dos julgamentos e opiniões dos outros. Cristo nos liberta da necessidade de satisfazer os outros e de depender da aprovação deles, não porque somos superiores, mas porque o propósito de agradar a Deus está acima de todo o resto.
- Ele nos concedeu o perdão dos pecados (Isaías 53:4-6). Não precisamos mais viver dobrados sob o peso do pecado. Podemos confessar nossas faltas e nossos desejos perversos e sermos livres. Jesus nos liberta do passado para vivermos o presente e caminharmos em direção ao futuro.
- Ele nos deu vida eterna (João 10:10). Jesus é a própria vida, que se entregou em seu favor. Ele morreu para vencer a morte, e quando ressuscitou, triunfou sobre ela e pôde nos oferecer a certeza de uma vida eterna. Porque ele morreu um dia, você pode viver para sempre.
- Ele nos trouxe esperança (Romanos 5:1-2). A ressurreição de Jesus e sua vitória sobre a morte nos permitem parar de olhar para as circunstâncias e não viver mais pelo que vemos. Enquanto o mundo tem de ver para crer, podemos crer apesar de não ter visto. Da mesma forma, as notícias alarmantes e as tendências da sociedade não nos conduzem ao desespero, porque nossa esperança não está limitada

ao que é visível e mensurável, mas ao poder infinito daquele que ressuscitou nosso Senhor e também opera em nós a ressurreição.

- Ele nos concedeu novo ânimo (Mateus 11:29-30). O seu celular é prova viva de como estar sempre conectado é desgastante. Acaba com a bateria. O mesmo vale para nós. A conexão custa caro. Ela nos enche de fardos, que são pesados de carregar e até mesmo de identificar. Jesus quer trocar esses fardos pesados por uma única trouxinha bem leve. Ele quer renovar suas energias e encher seu coração com ânimo.
- Ele nos trouxe cura (Mateus 8:17). Deus não nos criou para vivermos enfermos, limitados por dores no corpo, na mente e na alma. Esta é uma geração hipocondríaca, muito sensível, muito dodói, incapaz de abraçar a dor e o sofrimento como plataformas para a maturidade. Jesus tirou a dor que nos imobiliza, e nos injetou uma vida capaz de resistir ao sofrimento e frutificar para o Pai.
- Ele acabou com o medo (1João 4:14-18). O medo é uma das forças mais poderosas de nossa sociedade. Pode ser o medo da violência, do fracasso, da mudança ou tantos outros: eles limitam nossas ações e alimentam nossa ansiedade. Por meio de seu sacrifício, Jesus convida a lançar fora todo o medo porque somos profundamente amados pelo Pai, que tem nossa vida em suas mãos. A expressão "não temas" aparece na Bíblia 366 vezes — uma para cada dia do ano, até quando for ano bissexto. Em Jesus, podemos viver sem medo.
- Ele nos deu prosperidade (2Coríntios 9:7-12). Ser próspero não é ser milionário; é, em vez disso, não ter necessidade. Nossa cultura se alimenta da insatisfação. As pessoas sempre "estão precisando" disso ou daquilo. Jesus nos satisfaz de maneira integral. Ainda que, humanamente falando, passemos por momentos de escassez, não nos vemos como pessoas necessitadas, mas prósperas em Deus. Ele é quem nos sustenta, e seus recursos são criativos e infinitos.
- Ele nos deu sonhos realizáveis (Hebreus 10:36-38). As redes sociais nos oferecem inúmeros modelos de perfeição. Sabemos que são irreais, mas esgotamos nossas energias tentando atingi-los. Jesus, pelo contrário, nos presenteou com sonhos infinitamente maiores do que os sonhos medíocres oferecidos pela cultura digital. Mesmo sendo altíssimos, eles serão alcançados, pois são os sonhos do Pai para você, e têm a garantia de um Deus que cumpre todas as suas promessas.

3ª verdade: Você foi chamado para um propósito

A última verdade a seu respeito é que sua vida tem um propósito. Você não é fruto do acaso, não é um acidente cósmico. Sua existência é proposital. Deus *queria* que você existisse, e que existisse neste tempo que estamos vivendo agora. Você não nasceu fora de época. Nasceu no momento certo da história.

Em cada era da história, a Igreja tem o propósito de fazer com que "...a multiforme sabedoria de Deus se tornasse conhecida dos poderes e autoridades nas regiões celestiais, de acordo com o eterno plano que ele realizou em Cristo Jesus, nosso Senhor" (Efésios 3:10-11). Em cada estágio da história, os cristãos têm o privilégio de anunciar a graça de Deus e o seu plano maravilhoso de "... fazer convergir em Cristo todas as coisas, celestiais ou terrenas, na dispensação da plenitude dos tempos" (1:10). Dos dias de Paulo até hoje, todas as pessoas que foram tocadas pelo poder transformador de Cristo tornaram-se testemunhas dele, vivendo seu Alto Chamado nas coisas do dia a dia.

Agora, chegou a nossa vez.

Neste mundo que só tem notícia ruim — e quando não tem, o povo trata de inventar uma e espalhar pelo WhatsApp — o cristão tem a melhor notícia da história. Ele é um anunciante da existência de Deus, um *case* vivo do amor e do poder do Criador.

Nosso anúncio e testemunho, contudo, não se restringe apenas às nossas palavras — e é disso que o apóstolo Paulo trata na segunda metade da carta aos efésios. O Alto Chamado altera toda a nossa forma de viver. Impactamos o mundo à nossa volta porque vivemos como quem tem propósito, e não como mais um perdido na multidão. "... Somos criação de Deus realizada em Cristo Jesus para fazermos boas obras..." (2:10a). Temos de cuidar dos outros, ajudar o próximo, mostrar o caminho, sermos agentes de transformação. E no mundo de hoje, fazemos isso tanto off-line como on-line. Na verdade, para o cristão, não existe diferença entre quem ele é na internet e quem é fora. Ele é um cara só, com um propósito só: "... anunciar as insondáveis riquezas de Cristo" (3:8). Você foi plantado por Deus no lugar em que está, no mundo real e no virtual, para que fosse um evangelista. É assim, por meio do testemunho do seu povo santo, que Deus aumenta a santidade do mundo e multiplica o número de santos na terra.

DIÁRIO DE VIAGEM

Vamos fazer uma **PAUSA**.

O que acha? Não é bom aprender **NOVAS VERDADES** antes de internalizar o que já foi aprendido.

Arrume uma caneta, ou qualquer outro instrumento pré-histórico de escrita, e **REFLITA** sobre o que já visitamos em **ALTO CHAMADO**.

Você aprendeu três verdades a seu respeito:

1. Você estava morto quando foi chamado
2. Você foi chamado para um estilo de vida superior
3. Você foi chamado para um propósito

Qual dessas verdades mais mexeu com você?
Que pensamentos essa verdade produziu em você?

Você está nas redes sociais? Em qual (ou em quais)?

Qual é o seu objetivo quando acessa as redes sociais?
Em que coisas você pensa ao ver os posts das pessoas
que você segue?

Quais são as suas intenções ao postar uma foto ou um texto
nas redes sociais?

O QUE PASSOU ILUMINA O QUE VIRÁ

Alcançamos o pico mais elevado de Alto Chamado. Daqui você consegue ver de onde veio, mas também tem uma boa ideia de aonde vai. Em certo momento de nossa história pessoal, recebemos uma palavra que nos levantou da morte e nos trouxe vida — vida plena, como filhos de Deus. Chegamos até aqui pela graça do Senhor, por meio do sacrifício do Senhor Jesus Cristo. Esse mesmo sacrifício nos permitiu sermos agraciados com todas as bênçãos possíveis que existem nos depósitos celestiais.

Esse é o caminho por onde viemos, e ele é grandioso demais. Por isso, a estrada que vamos seguir a partir de agora não pode ignorar a posição que alcançamos em Cristo. *Precisamos* viver à luz de quem somos no Senhor. Precisamos viver segundo a vida que temos nele, seguindo o chamado que nos foi feito, e de acordo com o propósito que ele nos deu.

Não existe mal pior que o de colocar nosso Senhor e nosso chamado em segundo plano. Muitas pessoas dizem que não têm tempo de estar em comunhão com o Criador; não têm tempo para orar, jejuar ou meditar na sua Palavra. Não têm tempo de se envolver com a comunidade dos cristãos, indo à igreja, liderando uma célula, se envolvendo em um ministério. No entanto, muitas que alegam falta de tempo para seguir o chamado encontram tempo para ficar horas e horas na internet. Já vi pessoas piedosas que deixaram de estar em comunhão com Deus porque precisavam gastar tempo no computador ou no celular. Elas não repararam no quanto estavam sendo roubadas. Um e-mail quase sempre leva a outro e-mail, que leva a um vídeo no YouTube, que leva a outro vídeo, que leva a um perfil no Facebook, que leva a uma foto do Instagram, que leva a um blog, que indica um produto... Quando menos percebem, lá se foram uma, duas, três horas de vida. De uma vida que custou a encarnação e a morte do Deus Filho em nosso favor.

Seria tão bom se nossas ações refletissem intencionalmente o nosso chamado. Se um e-mail aberto nos levasse à oração, se um vídeo no YouTube nos conduzisse para a meditação nas Escrituras, se um post no Instagram nos encaminhasse à confissão de pecados, se a leitura de um blog nos incitasse à intercessão por missionários. Não estou dizendo que tudo o que devemos ver na internet deve ser apenas de conteúdo cristão. Isso nem é possível. Em vez disso, meu ponto é que olhemos para *qualquer* conteúdo da internet com um coração cristão; um coração alcançado por Cristo e consciente de seu chamado, e ajamos de acordo com isso.

O problema não é a falta de tempo, é a falta de prioridade. Sem dúvida passaremos mais tempo na internet, trabalhando, estudando, nos comunicando, do que lendo a Bíblia. Mas o tempo on-line pode ser um tempo com Deus. A questão é se estamos vivendo esse tempo on-line à luz de nosso chamado e de nossa posição em Jesus.

Esse é o tema da segunda parte da carta de Paulo aos efésios. Não que tivessem problemas em administrar o tempo deles on-line; eles tinham outras questões. Mas o princípio de Paulo serve tanto para os efésios quanto para nós:

> Assim, eu lhes digo, e no Senhor insisto, que não vivam mais como os gentios, que vivem na inutilidade dos seus pensamentos. Eles estão obscurecidos no entendimento e separados da vida de Deus por causa da ignorância em que estão, devido ao endurecimento do seu coração. Tendo perdido toda a sensibilidade, eles se entregaram à depravação, cometendo com avidez toda espécie de impureza.
>
> Todavia, não foi isso o que vocês aprenderam de Cristo. De fato, vocês ouviram falar dele, e nele foram ensinados de acordo com a verdade que está em Jesus. Quanto à antiga maneira de viver, vocês foram ensinados a despir-se do velho homem, que se corrompe por desejos enganosos, a serem renovados no modo de pensar, e a revestir-se do novo homem, criado para ser semelhante a Deus em justiça e em santidade provenientes da verdade. (Efésios 4:17-24)

Podemos resumir esse princípio nestes dois pontos, que veremos detalhadamente a seguir:

1. Existe um estilo de vida do qual devemos nos distanciar.
2. Existe um novo estilo de vida que devemos abraçar integralmente.

Existe um estilo de vida do qual devemos nos distanciar

Paulo incentiva os efésios a se reconectarem com a realidade de uma maneira diferente da qual fazia antes. A usar outro provedor de acesso. Antes, eles se conectavam ao mundo por meio da *gentio.net*. Era um provedor ruinzinho, que caía toda hora. Paulo chama a *gentio.net* de inútil, porque ela só conseguia fazer as pessoas se conectarem consigo mesmas, e olhe lá! É tipo uma rede Wi-Fi sem acesso à internet. Você consegue acessar seu notebook pelo PC do seu irmão, e a TV pelo notebook, mas isso é tudo. Parece que você está conectado com o mundo, mas na verdade, está preso em si mesmo.

Esse é o defeito da *gentio.net*: os usuários desse provedor "vivem na inutilidade dos seus pensamentos" (Efésios 4:17). Eles só conseguem ver o mundo a partir das próprias ideias, que são inúteis e limitadas. Sem Deus, qualquer ser humano é inútil e limitado, por mais brilhante que ele pareça ser. Ele é uma rede Wi-Fi sem conexão. Por meio da lógica, da capacidade de observação e da inteligência que o próprio Deus lhe deu, o homem natural consegue chegar a umas conclusões bem interessantes sobre a vida, mas nada que o leve além. Ele só é capaz de ver o mundo como ele é, e não como foi planejado para ser — menos ainda, como está sendo preparado para se tornar. Falta-lhe o Alto Chamado para que sua vida tenha um sentido que transcenda os anos de sua existência sobre a terra. Não encontra em si mesmo ou na criação respostas para suas dúvidas existenciais. Tampouco acha motivação. Por que ser gentil? Por que economizar água? Guiado por seus próprios padrões, ele se motiva a fazer coisas boas porque isso, de alguma forma, lhe traz algum benefício. Vida em circuito fechado é uma existência inútil, como poetizou Salomão uns anos atrás:

> Vazio, tudo é um grande vazio!
> Nada vale a pena! Nada faz sentido!
> O que resta de uma vida inteira de trabalho sofrido?
> Uma geração passa e a outra geração chega,
> mas nada muda — é sempre a mesma coisa.
> O sol nasce e se põe,
> um dia após o outro — é sempre igual.
> [...]

ALTO CHAMADO

É tudo um tédio só! É uma mesmice sem tamanho!
Nada tem sentido! (Eclesiastes 1:2-5, 8a, AMS)

Sem Deus, vivemos presos num *loop*. Além de ser uma chatice, essa vida fechada ainda causa outros malefícios: ignorância e endurecimento. A ignorância é uma implicação interessante, porque quem está preso no sistema se acha o sabedor de tudo. Ele conhece cada detalhe do circuito: cada fiozinho, cada componente, cada pingo de solda. Um expert. Só que Deus diz: "Quem é esse que questiona minha sabedoria com palavras tão ignorantes?" (Jó 38:2, NVT). A pessoa acha que, por conhecer o circuito, sabe tudo de tudo. Mas não sabe nada além do circuito — na verdade, nem o circuito ela consegue compreender perfeitamente bem. Esse é o mistério da estupidez no nosso mundo altamente intelectualizado. As pessoas tornam-se especialistas em microcoisas, mas perdem a visão maior da vida, e até mesmo a dimensão de sua própria ignorância.

O endurecimento é outro resultado da vida presa no *loop*. Paulo diz que "Tendo perdido toda a sensibilidade, eles se entregaram à depravação, cometendo com avidez toda espécie de impureza" (Efésios 4:19). Nossa humanidade emana do fato de sermos imagem e semelhança do Criador (veja Gênesis 1:26-27). Enquanto estamos conectados com Deus, mantemos a sensibilidade que nos torna humanos. Mas à medida que vamos nos desconectando da Fonte da Vida e nos tornamos mais fechados em nós mesmos, perdemos essa sensibilidade *e também nossa humanidade*. Longe de Deus, o homem vai se tornando cada vez mais animalesco.

É por isso que somos surpreendidos por atos de violência e selvageria que nos deixam chocados e assombrados. Como uma pessoa pode ser capaz de tamanha atrocidade? Se ela está longe de Deus, ela se torna insensível e é capaz de cometer "com avidez toda espécie de impureza". Não podemos ignorar o fato de que o afastamento de Deus também cria uma situação propícia para o Diabo e as forças espirituais do mal se aproveitarem e semearem todo tipo de pensamento destruidor (veja Mateus 12:43-45) naqueles que se afastam do Senhor.

Existe um novo estilo de vida que devemos abraçar integralmente

Há um antes e um depois na vida transformada por Jesus. Isso deve gerar mudança perceptível no nosso jeito de ser, tanto por dentro (pensamentos, intenções e motivações) como por fora (palavras e atitudes). No entanto, essa não é uma mudança automática, um "liga/desliga". É uma mudança que se busca. É uma mudança que consiste em dar um basta a práticas, pensamentos e reações naturais — estes "sim" automáticos — e optar, dia após dia, a fazer diferente. Ser cristão é decidir diariamente se serei ou não como Cristo, em todos os momentos, em todos os ambientes, em todas as interações. A vida cristã é vida de Cristo sendo vivida em você. Quando você abre os olhos pela manhã, este pensamento deve estar entre seus primeiros pensamentos do dia: "Vou sair da cama hoje não para estudar, trabalhar, me relacionar com as pessoas, aprender ou construir coisas novas, mas para fazer tudo isso e muito mais como Cristo faria".

Só que é difícil ter essa compreensão quando a primeira coisa que está diante de nossos olhos logo pela manhã é a tela do celular, com suas dezenas de notificações clamando pela nossa atenção.

Não precisa ser um pesquisador para descobrir que o que você experimenta nas primeiras horas do dia afetam todas as outras. O livro *O milagre da manhã* bombou recentemente nas livrarias do Brasil e nas mídias sociais por promover um segredo que promete mudar a vida do leitor, assim como mudou a do autor: acordar mais cedo e dedicar a primeira hora do dia para melhorar a si mesmo. Com isso, você se tornará uma nova pessoa e, assim, terá mais condições de atrair o sucesso para todas as áreas da sua vida. Não cheguei a testar o princípio de *O milagre da manhã* na minha vida, mas concordo veementemente com o fato de que a manhã determina o resto do nosso dia. Se eu despertar e já enfiar a cara no celular, buscando o que eu "perdi" enquanto dormia, o restante do meu dia será uma tentativa frustrada de acompanhar o ritmo louco do incansável mundo digital. Agora, se de manhã o Senhor ouve o meu clamor, e se lhe apresento de manhã a minha oração, então o resto do dia, será vivido com esperança. Esse é o milagre da manhã na versão de Davi, o salmista mais querido de Israel (confira Salmos 5:3). Ele repete o segredo em outro salmo, e vemos outros salmistas, de diferentes épocas, fazendo a mesma coisa:

> Mas eu cantarei louvores à tua força; *de manhã louvarei a tua fidelidade*, pois tu és o meu alto refúgio, abrigo seguro nos tempos difíceis (Davi, Salmos 59:16).

ALTO CHAMADO

> Mas eu, Senhor, a ti clamo por socorro; *já de manhã a minha oração chega à tua presença* (Hemã, Salmos 88:13).

> *Satisfaze-nos pela manhã com o teu amor leal*, e todos os nossos dias cantaremos felizes (Moisés, Salmos 90:14).

> Como é bom render graças ao Senhor e cantar louvores ao teu nome, ó Altíssimo, *anunciar de manhã o teu amor leal* e de noite a tua fidelidade (Autor desconhecido, Salmos 92:1-2).

> *Faze-me ouvir do teu amor leal pela manhã*, pois em ti confio. Mostra-me o caminho que devo seguir, pois a ti elevo a minha alma (Davi, Salmos 143:8).

Veja o que Davi pede nesse último salmo: "... Mostra-me o caminho que devo seguir... ". Já imaginou como seria seu dia se esse fosse seu primeiro pensamento, logo cedo, em vez de checar as mensagens não lidas no WhatsApp? Todos os dias precisamos de orientação em relação a qual caminho seguir. Se não ouvirmos o que Deus tem a nos dizer, então nossos ouvidos caçarão conselhos por aí, e serão as palavras dos outros que irão guiar nosso dia, em vez de as Palavras do Senhor.

Desconecte-se da correria cotidiana para reconectar-se com o Autor da Vida. Acredito que, como geração, já passamos da fase de dizer que "a internet é do Diabo", assim como se dizia décadas atrás que a TV era do Diabo. Seja a internet, a TV, o computador, seja o carro, o micro-ondas, a bicicleta: o que determina se essas coisas pertencem a Deus ou a Satanás é quem as usa. "Para os puros, todas as coisas são puras; mas para os impuros e descrentes, nada é puro ...", "Pois tudo o que Deus criou é bom, e nada deve ser rejeitado, se for recebido com ação de graças, pois é santificado pela palavra de Deus e pela oração" (Tito 1:15; 1Timóteo 4:4-5). A palavra de Deus e a oração santificam a internet, as redes sociais, o Photoshop, o e-commerce e por aí vai. Ela tem poder para fazer isso, acredite! Mas essas coisas não serão santificadas no vácuo. Elas serão santificadas por meio da sua vida, a partir do uso puro que você faz de cada uma delas, por meio de seu Alto Chamado.

SANTIDADE É ALGO QUE SE VESTE

Essa mudança de estilo de vida se assemelha a trocar de roupa. Paulo usa essa ilustração nos versículos 22 a 24, que mencionamos acima.

Ainda que algumas pessoas se sintam nuas quando saem de casa sem o celular, são as roupas que realmente se tratam dos bens mais pessoais que podemos ter. Elas são os objetos que mais estão em contato com o nosso corpo, e chegam até mesmo a nos representar, quando alguém diz: "Achei essa camiseta a sua cara!". Nas roupas ficam impressos o nosso cheiro, as formas do nosso corpo, a passagem de nossa vida. Roupas ficam visíveis a todos os que nos veem, e elas dizem muito sobre nós. Um dos processos mais difíceis para alguém que sofreu a perda de um ente querido é livrar-se das roupas do falecido pois, acima de qualquer outro objeto, a roupa desperta uma forte lembrança da pessoa que as possuía.

Um exemplo muito interessante do "poder" da roupa é quando Jacó se fantasia de Esaú, seu irmão, para roubar a bênção do pai (confira Gênesis 27:1-29). Isaque, pai dos gêmeos, já estava bem velho, e não era capaz de distinguir seus filhos pela aparência — as pessoas focam nas diferenças entre Esaú e Jacó, mas não podemos nos esquecer que eles eram gêmeos. Meio cego, Isaque dependia dos outros sentidos para se orientar: da audição, do tato e do olfato. Pela audição, ele desconfiou que se tratava de Jacó. Pelo tato, ele ficou na dúvida se era Esaú. Mas a Bíblia diz que "Quando sentiu o cheiro de suas roupas, Isaque o abençoou, dizendo: 'Ah, o cheiro do meu filho'" (v. 27).

Quando o apóstolo Paulo nos diz para "despir-se do velho homem", ele está dizendo para abandonarmos coisas que estavam grudadas em nós como o cheiro de uma pessoa está grudado numa roupa. Devemos nos livrar de tudo o que nos identificava como alguém que vivia em rebelião contra Deus. Gente com pensamentos inúteis, sem entendimento, com atitudes ignorantes, insensível, praticante de coisas impuras. Em resumo, pessoas sem chamado.

A nova roupa que devemos vestir é a do novo homem, "criado para ser semelhante a Deus em justiça e em santidade provenientes da verdade". Em outro texto, Paulo diz que "Todos vocês são filhos de Deus mediante a fé em Cristo Jesus, pois os que em Cristo foram batizados, *de Cristo se revestiram*" (Gálatas 3:36-37). A nova roupa que colocamos não é uma roupa qualquer. Não são nem as roupas de Cristo. *Nós vestimos o próprio Cristo.* Diferentemente de Jacó, que se apropriou indevidamente das roupas do irmão para enganar o pai e usurpar a bênção, nós nos vestimos com a pessoa de Jesus, nosso irmão mais velho, e recebemos legitimamente as bênçãos que pertencem a ele, como vimos no começo do capítulo.

Assim, depois de termos sido chamados, nossas atitudes devem levar as pessoas a pensar que elas estão lidando com Jesus, em carne e osso.

Esse é o motivo que deve estar por trás de nossa busca por uma vida santa: estamos a cada dia nos vestindo mais do Filho de Deus. Estamos buscando, em cada pequena atitude, em cada decisão, nos apropriar daquilo que já somos em Cristo: novas criaturas. O Alto Chamado que está em seu coração transborda, agora, para suas atitudes. Define seu comportamento no mundo, seja real, seja digital. É ele quem estabelece que tipo de foto você irá postar, que tipo de comentário fará, porque você não está mais preso aos antigos trapos do velho homem. Agora você representa Cristo em tempo integral.

Sendo assim, ser santo não é viver isolado num monte. É estar envolvido com as questões cotidianas, mas guiado por um propósito superior. É ter objetivos claros, que são fruto de sua nova posição diante de Deus.

SER COERENTE É SEU NOVO OBJETIVO

A vida cristã verdadeira não separa doutrina e ética. Não compartimentaliza a vida em "secular" e "sagrado". Quem é santo, é santo o tempo todo, fazendo a atividade que for.

O que precisamos buscar, na nossa geração, é uma coerência entre quem somos e o que dizemos. Não se trata só de manter conexão entre a vida digital e a vida real; mas principalmente de ser coerente no que diz respeito a seu chamado e sua conduta, em qualquer esfera.

Nos próximos postos, conheceremos situações específicas em que há grandes chances de sermos incoerentes, em especial na esfera virtual. Seguiremos o roteiro que Paulo traçou para os efésios no restante do capítulo 4 de sua carta.

Pode fazer a mala. Encerramos aqui nosso passeio por Alto Chamado. Mas nossa jornada ainda não acabou.

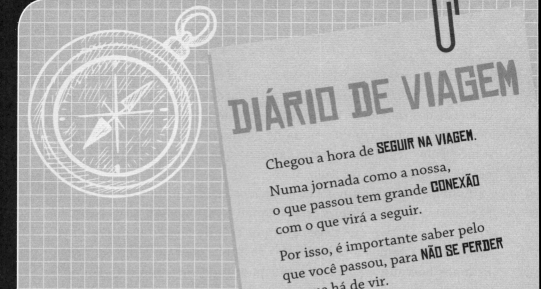

DIÁRIO DE VIAGEM

Chegou a hora de **SEGUIR NA VIAGEM**.

Numa jornada como a nossa, o que passou tem grande **CONEXÃO** com o que virá a seguir.

Por isso, é importante saber pelo que você passou, para **NÃO SE PERDER** no que há de vir.

Ser santo é estar vestido de Cristo, e viver as situações como Jesus viveria. Se Jesus abrisse hoje as suas redes sociais, o seu histórico de navegação; se ele visse suas fotos e seus posts, ele se sentiria devidamente representado?

Em quais situações on-line você tem mais dificuldade de representar Cristo? Por que você acha que é difícil?

Qual é seu primeiro movimento de manhã, logo que abre os olhos? Você dorme com o celular ao alcance das mãos?

Se você sente a necessidade de um viver mais santo ao longo do dia, que mudança você poderia realizar nas primeiras horas da manhã, para determinar o ritmo que terá o restante do seu dia?

Notas

[1] Atos 19:34. Ártemis e Diana são nomes de uma mesma divindade. Ártemis é o nome grego, e Diana é o nome romano desta deusa da fertilidade.

[2] Atos 18:18-26.

[3] We Are Social. *Digital in 2018 in Southern America*. Publicado em 29 de janeiro de 2018. Disponível em: <www.slideshare.net/wearesocial/digital-in-2018-in-southern-america-part-1-north-86863727>. Acesso em: 22 mai. 2019.

[4] Idilva M. P. Germano, Jéssica S. Carneiro, Lívia M. A. Pontes, Pâmela B. da Silva, Rebeca C. C. Gomes. "Eu no Facebook: percepções de usuários sobre imagens pessoais partilhadas na rede". *Psicologia em Revista*, Belo Horizonte, v. 24, n. 2, ago. 2018, p. 501. Disponível em: <200.229.32.55/index.php/psicologiaemrevista/article/view/9126/14044?jmohlnophdjmglfk>. Acesso em: 14 jun. 2019.

[5] Ibidem, p. 482.

[6] Ibidem, p. 502.

[7] Ibidem, p. 485.

PURA VERDADE

SEGUNDO POSTO

LEMA

"Portanto, cada um de vocês deve abandonar a mentira e falar a verdade ao seu próximo, pois todos somos membros de um mesmo corpo" (Efésios 4:25)

Cansou da subida? Ah, fala sério, foi uma subidinha de nada. Imagine se a gente tivesse de escalar o Monte Parnaso? Aí sim ia ser punk. O Monte Parnaso é aquele pico mais alto dessa cordilheira aqui do lado direito. Já tinha ouvido falar dele? É um monte meio famoso. Na mitologia grega, ele é considerado a casa das musas inspiradoras e de Apolo, um dos deuses mais influentes e venerados na Antiguidade. Apolo também é o patrono das artes; por isso, o monte é muito simbólico para artistas de várias gerações.

Mas a gente não veio aqui falar do monte, nem de Apolo. Eu queria mesmo era mostrar essa vilinha aí ao pé do morro que acabamos de subir. Sim, subimos até aqui só para ver isso. Tudo bem, eu sei que é uma vila meio sem graça, mas acho que você vai achar a história dela interessante.

Essa vila se chama Vasilika. Os habitantes não devem chegar a mil, quase todos são produtores rurais. Eles cultivam uvas e outras lavouras menores nos campos ao redor. Realmente na vila não tem nada demais. O que é notável aqui é que os moradores têm um costume muito estranho de mentirem uns aos outros o tempo todo.

Não estou mentindo, é sério! Esse hábito deles é tão extravagante que já veio gente de fora da Grécia para estudá-lo. Os especialistas dizem que essa coisa de mentir é um traço cultural grego, e que em Vasilika as pessoas preservam isso como uma "tradição", até com certo orgulho. Louco, não é?

Para os "vasilikanos" (não sei como eles se chamam, me desculpe), mentir não é uma questão de moral. Não é errado, não é crime. Na verdade, a mentira é uma forma de proteção. Os vasilikanos têm uma coisa de bicho-do-mato que os faz pensar que todo o mundo é hostil e perigoso. Então, o jeito de se protegerem é não sendo transparente, é retendo a informação. Portanto, mentem o tempo todo, para as pessoas de fora da vila, para os vizinhos e até para os filhos.

Sim, para as crianças também! Eles mentem para os próprios filhos quando querem que façam alguma coisa. As crianças, lógico, ficam confusas, porque nunca sabem quando os adultos estão dizendo a verdade. Ao mesmo tempo, vão aprendendo que não podem confiar em ninguém, nem mesmo na própria família. A coisa é tão maluca que quando uma criança que já pegou as manhas da mentira tenta enganar o próprio pai, ela é ao mesmo tempo repreendida e elogiada.

Ainda mais curioso é eles pensarem que conseguir enganar o outro é uma "arte". Deve ser por influência do Monte Parnaso aí na frente. O bom artista da mentira não só sabe mentir como também é capaz de detectar quando o outro está mentindo.

Eu me canso só de pensar em como a mente desses caras deve ficar louca com tanta coisa para processar!

Esse é o motivo que está por trás do jeito estranho com que eles conversam. Você reparou nas pessoas conversando, enquanto atravessávamos a vila? Eles não falam <u>com</u> o outro, eles falam <u>para</u> o outro. É como se estivessem dando uma palestra, não falando diretamente para ninguém. Não tem olho no olho. São só indiretas para enganar e para tentar ver se estão sendo enganados (o que, com certeza, estão).

Como consequência, ninguém revela nada. Ninguém sabe nada de verdade sobre o outro. As vizinhas não contam uma para a outra o que estão cozinhando para o jantar. Os diálogos são verdadeiros interrogatórios. Cada um tenta descobrir o máximo de informação do outro, para depois peneirar o que é mentira e o que é verdade.[1]

Como falei, para mim isso é cansativo demais! Assim, achei melhor a gente ter o trabalho de montar a barraca e acampar aqui no morro do que se hospedar na vila.

Por mais que seja um costume, e que todos eles ajam assim, mentindo para o outro e sabendo que o outro está mentindo também, será que não percebem o quanto essa "tradição" pesa sobre eles e só traz prejuízo? Olhe a vila: está presa no tempo! Não se desenvolve porque não consegue estabelecer uma conexão verdadeira com ninguém. Ah, se eles pudessem visitar Pura Verdade e descobrir que é possível viver num mundo hostil sem ter de usar a mentira como escudo...

Quando Paulo exortou os efésios a abandonarem a mentira e falarem a verdade, ele estava mexendo numa caixa de vespas.

Como você deve se lembrar, embora Éfeso não esteja na Grécia, a cultura dominante na cidade era a grega. E os gregos, bem, eles não eram muito bons nesse negócio de falar a verdade.

Para começar, o sistema religioso grego, formado por muitos deuses, não tinha uma doutrina muito clara do que seria a vida após a morte. Assim, diferentemente do cristianismo, o pós-vida não influenciava em nada o modo de os gregos viverem no dia a dia. Tanto fazia se suas escolhas eram moralmente boas ou não.[2] Ainda que fossem religiosamente devotos — e todos certamente eram, oferecendo sacrifícios constantes às entidades que acreditavam proteger suas famílias e seus empregos — isso não mudava seu jeito de viver. A religião e seus deuses não os inspiravam a serem mais justos, honestos, trabalhadores e coisas do tipo. Se agiam dessa forma, era por causa de um senso de dever cívico, não religioso. A religião, aliás, sugeria que agissem exatamente ao contrário do que nós, cristãos, consideramos moralmente aceitável. Entre os deuses que compunham o panteão grego não faltavam modelos de traição, arapucas, mentiras e fingimentos; e o pior: algumas divindades eram admiradas *justamente* por causa de suas habilidades de enganar os outros.[3]

Um dos motivos pelos quais admirava-se a "arte" do engano é porque ele era muito útil para se proteger em situações que não faziam sentido sacar uma espada e partir para um duelo contra o oponente. Assim, a mentira era uma forma de proteção. Logo, a cultura grega antiga não somente tolerava a mentira e o engano como também incentivava essas práticas, considerando-as necessárias para ter sucesso e sobreviver num mundo dominado por forças hostis.[4] O apóstolo Paulo não discorda de que este seja um mundo hostil, e nem de que haja uma guerra em curso, mas ele oferece outras armas para lidar com isso, como veremos logo mais.

Uma das vitórias militares mais famosas da história grega — você já deve ter ouvido falar — é a derrota da cidade de Troia. Sim, aquela

PURA VERDADE

história do cavalo. Essa conquista militar, meio lendária, meio real, foi resultado de uma mentira muito bem-elaborada.

Quem montou o estratagema foi Odisseu (ou Ulisses, em latim), um guerreiro muito hábil em combate, mas cuja fama se deve ao fato de conseguir enganar os outros, tanto homens como deuses. O cara era o gênio da conversa fiada. O poeta romano Virgílio[5] conta que os gregos (o time de Odisseu), depois de dez anos de lutas contra os troianos, estavam em grande desvantagem. A muralha de Troia era impenetrável, e os gregos já tinham usado todos os seus recursos tentando furar o bloqueio. No sistema de pontos corridos, o Gregos F. C. corria risco de ser rebaixado para a Série B.

Então, um dia, com a inspiração da deusa Palas Atena, a técnica dos gregos, Odisseu teve uma ideia de como poderiam furar a barreira (ou seja, a muralha) de Troia. "Vamos fazer um cavalo gigante (o cavalo era a mascote dos troianos), e espalhar rumores de que estamos fazendo uma oferta de paz". Só que, dentro da barriga oca do cavalo, os gregos colocariam um destacamento de soldados armados. A ideia foi super aceita. Fizeram o cavalo, deixaram lá na porta de Troia. O restante do time grego entrou nos barcos e fez de conta que tinham ido para o vestiário (mas na verdade, eles estavam apenas escondidos).

Os troianos abriram os portões e acharam que tinham ganhado de W.O. Fizeram a maior festa enquanto arrastavam o cavalão para dentro da cidade. Mas cantaram a vitória antes da hora. Naquela noite, enquanto Troia estava desmaiada de tanto beber e festejar, a barriga do cavalo se abriu, e os gregos invadiram a cidade. O destacamento do cavalo matou os vigias e abriu os portões para os soldados que estavam do lado de fora, e assim ganharam a guerra.

Esse episódio exemplifica como a cultura grega pensava que grandes batalhas da história e pequenos entraves do cotidiano deveriam ser combatidos com engenho e engano. Mas se você está pensando que a mentira era uma forma de se proteger dos inimigos, está *enganado*! Mentir para um inimigo era meritório; mas enganar um inocente desconhecido e até mesmo um amigo era perfeitamente plausível se havia algo a se ganhar. "A desonestidade não era um sintoma ocasionado pelas piores épocas da história grega, mas um traço congênito e indelével da nação. Desaparecia aos poucos, sem dúvida, mas sempre com um alto nível de tolerância."[6]

MAS PARECE QUE JÁ OUVI ESSA HISTÓRIA ANTES...

Sob certos aspectos, a cultura brasileira não trata a mentira de modo muito diferente. Não possuímos um panteão de deuses mentirosos, mas temos algumas referências culturais que denunciam contra nós.

Um bom exemplo é o protagonista do livro arroz-de-festa-de-vestibular *Macunaíma*. O objetivo de Mário de Andrade nessa obra foi retratar a história e as características do povo brasileiro. Macunaíma, o protagonista, é a personificação da sociedade do Brasil. A primeira propriedade de Macunaíma já aparece no subtítulo: "o herói sem nenhum caráter". À medida que vamos lendo a história, entendemos por que é herói, mas não tem caráter nenhum: ele é um cara com uma história sofrida, no entanto, sobrevive só na base da malandragem. "De fato, a sociedade brasileira está inserida em Macunaíma, ele é branco, negro e índio, um herói sem nenhum caráter, esperto, astucioso, mentiroso e sem escrúpulos. Dorme com a mulher do irmão, engana a todos, porém, também é ingênuo. É uma mistura de esperteza, malandragem e ingenuidade."[7]

Se você perguntar a qualquer brasileiro se mentir é errado, talvez ele responda na lata: "Sim, é". Principalmente quando o assunto é política, são altas as exigências de que se fale a verdade, somente a verdade, e nada mais que a verdade. No entanto, "as pessoas — e também a mídia — exigem do poder público, às vezes, uma correção que elas próprias não têm quando, por exemplo, cruzam o semáforo vermelho, param o carro na faixa de pedestre, ou oferecem um pequeno suborno ao policial."[8]

Exigimos a verdade de alguns, mas toleramos a mentira de outros: do oprimido, do fraco, do explorado e, claro, da gente mesmo, quando temos uma ótima justificativa para isso.

Como nação, somos flexíveis em relação à verdade. Achamos justo que pessoas más, cruéis, corruptas e poderosas sejam alvo de mentiras e trapaças. Queremos que elas se deem mal, e torcemos pelo mentiroso. Um bom exemplo é como nos divertimos com as mentiras do personagem Chicó do filme *O Auto da Compadecida*. Não só nos divertimos como torcemos para que ele não seja pego nas suas lorotas, e nos sentimos satisfeitos quando vemos o brigão, o cangaceiro, o latifundiário e o policial tonto sendo enganados por suas astúcias.

Chicó é uma personagem que simboliza aquilo que definimos como "jeitinho brasileiro": o conhecido ato de "dar um jeito" em determinadas circunstâncias. "O cotidiano do brasileiro é marcado por certos hábitos que, na maioria das vezes, passam despercebidos devido à naturalidade que adquirem. Exemplos desses hábitos são o famoso "furar" fila, adentrar em filas especiais (as destinadas a gestantes, idosos, pessoas com deficiência, etc.), tentar conseguir vantagens de forma mais rápida por meio da amizade com terceiros ou da concessão de bens materiais e/ou dinheiro para estes, utilizar o poder que se tem para, do mesmo modo, conseguir vantagens etc. A expressão utilizada para conceituar tais atitudes é 'jeitinho brasileiro'".[9] Essa característica é tão peculiar da cultura brasileira que foi apresentada internacionalmente pela Walt Disney com o papagaio Zé Carioca. Nos filmes "Alô, Amigos" e "Você já foi à Bahia?", da década de 1940, o papagaio representava o jeito malandro do brasileiro, sempre escapando dos problemas pelas vias mais fáceis.[10]

O QUE É A MENTIRA?

Em resumo: deixar a mentira e falar a verdade é tão difícil para nós, brasucas, quanto era para os efésios dos dias de Paulo.

Na realidade, a mentira é uma fraqueza para o ser humano de qualquer era, idade, gênero, situação e classe social. Alguns, talvez, se atrevam a dizer: "Eu nunca minto", mas particularmente não acredito que isso seja possível. De forma especial, no Brasil, usamos a mentira como um "verniz social", uma forma de ser amável com as pessoas. Poucas pessoas diriam a uma criança de 2 anos que aquele monte de rabiscos que ela fez não é um cachorro. Seria cruel, na verdade, dizer que são só rabiscos.

O que é, então, mentir?

A gente pode se perder num longo debate filosófico para responder a essa pergunta, e talvez não chegar a lugar algum. Por isso, vamos prezar pela objetividade. Basicamente, mentir é não dizer a verdade. Qualquer afirmação ou situação que criemos para oferecer ao outro o que não é a verdade trata-se de uma mentira.

Bom, agora surge outra dúvida: e o que é a verdade?

Essa foi a pergunta de Pilatos a Jesus. Na ocasião, o governador da Judeia precisava descobrir a verdade. Ele estava com um réu em suas mãos e investigava para saber se o que diziam a respeito de Jesus, o réu, era verdadeiro ou falso.

Pilatos faz, então, um interrogatório:

— Você é o rei dos judeus?

— Essa pergunta é tua, ou outros te falaram a meu respeito?

—Acaso sou judeu? Foram o seu povo e os chefes dos sacerdotes que entregaram você a mim. Que é que você fez?

—O meu Reino não é deste mundo. Se fosse, os meus servos lutariam para impedir que os judeus me prendessem. Mas agora o meu Reino não é daqui.

— Então, você é rei! — disse Pilatos.

—Tu dizes que sou rei. De fato, por esta razão nasci e para isto vim ao mundo: para testemunhar da verdade. Todos os que são da verdade me ouvem.

O QUE É A VERDADE?[11]

Como Jesus não respondeu diretamente a nenhuma pergunta que Pilatos fez (isso é importante, falaremos a respeito disso logo mais), ele nem espera que Cristo lhe diga "O que é a verdade". Vira as costas e vai dar seu veredicto. Ou talvez tenha agido assim porque, para ele, um homem acostumado aos bastidores da política no império romano, não existia verdade objetiva. Sua experiência de vida o havia convencido de que a verdade é um sonho, e que um reino baseado na verdade é uma utopia.

Será que ele estava certo? Não há verdade?

A partir das respostas de Jesus, podemos aprender dois conceitos bem importantes a respeito da verdade, segundo os padrões do Reino de Deus.

Conceito 1: A verdade é uma pessoa

Jesus disse: "De fato, por esta razão nasci e para isto vim ao mundo: para testemunhar da verdade". A pessoa de Jesus e a verdade — não como um conceito abstrato, mas como a existência de tudo que é verdadeiro — parecem caminhar lado a lado. Só que não estão lado a lado. Estão um dentro do outro.

Jesus não veio somente testemunhar da verdade. *Ele próprio é a Verdade* (João 14:6). Sendo assim, o que a Bíblia apresenta como verdade não é uma conduta ética, mas uma *pessoa*.

Isso está muito acima de padrões éticos culturais. Dizer a verdade não é apenas uma questão de falar o que aconteceu ou o que realmente penso sobre determinado assunto. Trata-se de revelar Jesus. Toda verdade revela Jesus. Como teria dito São Tomás de Aquino, "Toda verdade, dita por quem quer que seja, vem do Espírito Santo".

Paralelamente, toda mentira vem de Satanás. Jesus o apresenta como "pai da mentira". O Diabo não revela Cristo nem aponta para ele porque "não se apegou à verdade, pois não há verdade nele. Quando mente, fala a sua própria língua, pois é mentiroso e pai da mentira" (João 8:44).

O objetivo de dizer a verdade é revelar Jesus. Diante de uma criança de 2 anos que apresenta um rabisco como sendo a foto do seu cachorro, dizemos: "Que legal!". Porém, diante de um jovem que me pergunta o que eu acho de ele abandonar a faculdade e se mudar para a praia a fim de viver com a venda da sua "arte", minha resposta deve ser: "Vamos conversar melhor sobre isso?".

Podemos concluir que dizer a verdade, ou inventar a mentira são coisas que estão acima de comportamentos ou até mesmo de costumes culturais. O primeiro revela a Cristo, o segundo, segue a Satanás.

Vale lembrar que embora práticas culturais sejam adotadas por toda uma sociedade, é possível que essa prática esteja 100% baseado no pecado, e o fato de todo mundo agir assim não a torna menos ilícita. Todas as culturas do mundo foram afetadas pelo pecado. Ainda que haja traços bons em cada uma, certamente há práticas que são ofensivas a Deus. Nesses casos, o cristão tem a difícil tarefa de detectar o que é contrário à Palavra de Deus e, vigilantemente, tirar isso da sua vida. Sim, é difícil porque todas as pessoas ao redor fazem isso, e ele mesmo foi criado nesse costume. Porém, quando ele visita Alto Chamado e é revestido de Cristo, afastar-se dessas condutas do "velho homem" (Efésio 4:22) é ao mesmo tempo possível e necessário.

Habitar Pura Verdade requer essa mudança de vestimenta. Não poderemos nos beneficiar do poder libertador da Verdade encarnada se não abrirmos toda a nossa vida a ela, se não permitirmos que ela nos aponte os enganos nos quais cremos, e aqueles que praticamos. Só seremos livres de fato quando essa luz alcançar os porões do nosso coração e lançar para fora toda mentira escondida, seja uma prática cultural, seja um desvio do meu caráter, seja um recurso de autoproteção.

Conceito 2: A verdade pertence a quem se interessa por ela

A humanidade desde sempre enfrentou um problema que hoje se acentuou em proporções sem precedentes. As pessoas não se importam mais com o que está sendo falado, mas com quem está falando. São inúmeros os vídeos na internet em que se pede a opinião de alguém sobre uma frase sem dizer quem a recitou, depois que o autor é identificado as pessoas muitas vezes mudam de opinião por serem simpatizantes ou inimigos daquela personagem pública.

Na era dos extremos, se alguém defende uma ideia que não faz parte de seu espectro ideológico, antes de ele abrir a boca já está errado, o que ele está falando é mentira. Esse tipo de pessoa está pouco interessado no que é verdade ou mentira, pois para eles não existe uma verdade absoluta. Gastar energia e argumento com elas trata-se, portanto, de uma grande perda de tempo. Por isso Jesus não gastava o seu aramaico, hebraico, grego e (no caso de Pilatos) o seu latim para defender teses e posições. Ele é a verdade e se aquelas pessoas não viam isso não é por não entender, mas por não quererem. Era por isso que ele fazia o que fazia com os fariseus, por exemplo, como veremos na passagem a seguir.

> Jesus entrou no templo e, enquanto ensinava, aproximaram-se dele os chefes dos sacerdotes e os líderes religiosos do povo e perguntaram:
> — Com que autoridade estás fazendo estas coisas? E quem te deu tal autoridade?

PURA VERDADE

Respondeu Jesus:

— Eu também lhes farei uma pergunta. Se vocês me responderem, eu lhes direi com que autoridade estou fazendo estas coisas. De onde era o batismo de João? Do céu ou dos homens?

Eles discutiam entre si, dizendo: "Se dissermos: Do céu, ele perguntará: 'Então por que vocês não creram nele?' Mas se dissermos: Dos homens — temos medo do povo, pois todos consideram João um profeta". Eles responderam a Jesus:

— Não sabemos.

E ele lhes disse:

— Tampouco lhes direi com que autoridade estou fazendo estas coisas (Mateus 21:23-27).

Os fariseus quiseram colocar Jesus contra a parede. "Quem é você para ensinar o povo, curar doentes e expulsar demônios?". Jesus sabia do objetivo dos fariseus e, mais que isso, sabia que eles não iriam se contentar com a verdade. Afinal de contas, ele era a Verdade, e não criam em suas palavras. Assim, em vez de se revelar a eles, respondendo o que perguntaram, Jesus devolve a pergunta e, no fim, se isenta de respondê-los. Não é nenhuma pegadinha. Jesus foi sábio. Não havia por que lançar pérolas aos porcos, explicando-se e revelando-se a pessoas que não iriam crer nele.

Mas veja que interessante: apesar de não mostrar a verdade aos fariseus, Jesus não tem problemas em se revelar aos seus amados seguidores: "Jesus aproximou-se deles e disse: 'Foi-me dada toda a autoridade nos céus e na terra'" (Mateus 28:18). O que ele escondeu dos arrogantes e presunçosos, dos fariseus e de Pilatos, mostrou aos pequeninos: "Eu te louvo, Pai, Senhor do céu e da terra, porque escondeste estas coisas dos sábios e cultos e as revelaste aos pequeninos. Sim, Pai, pois assim foi do teu agrado" (Lucas 10:21).

Outros exemplos em que a verdade não é revelada a quem não se interessa por ela são as belas experiências do Irmão André, o contrabandista de Deus. Durante o auge do comunismo na Europa, em meados da década de 1950, André sentiu-se chamado pelo Senhor para fornecer Bíblias a cristãos que viviam oprimidos no leste europeu. Lá, a liberdade da igreja era restrita, e poucos cristãos tinham acesso às Escrituras. A primeira viagem que Irmão André fez foi em 1957, à Iugoslávia, com um fusquinha recheado de folhetos, Bíblias e porções das Escrituras. Na época, o governo iugoslavo proibia que os visitantes entrassem com qualquer artigo que não fosse de uso pessoal. Panfletos eram especialmente vetados, uma vez que poderiam fomentar ideias contra o regime. Assim, todo aquele material que André havia escondido no carro era ilegal, mas altamente necessário para a igreja que sofria do lado de lá da fronteira.

Quando parou o carro na fronteira, os guardas lhe perguntaram:

— Você tem algo a declarar?

— Tenho dinheiro, um relógio de pulso, a máquina fotográfica...

Os guardas revistaram o carro e, por um milagre de Deus, não viram o material que estava escondido. Então perguntaram de novo:

— Tem mais alguma coisa a declarar?

— Só pequenas coisas (porque os folhetos eram realmente pequenos).

A resposta dos guardas foi:

— Não vamos nos preocupar com isso. Pode entrar.[12]

Nem Jesus nem o Irmão André mentiram em suas respostas. Não revelaram a verdade aos que não se interessavam por ela, mas responderam com sabedoria e prudência.

No geral, gastamos muita palavra e energia dando satisfações a quem não as merece. Quando nos explicamos a alguém, damos a essa pessoa o poder de julgar nossas atitudes e nossas justificativas, e então ela se torna nosso juiz. Quando Pilatos pediu explicações a Jesus, nosso Senhor não se colocou na posição de réu. Ele não deu explicações desnecessárias. Respondeu apenas o que Pilatos se interessava em saber. Como Verdade, ele não se manifestou por completo ao governante, como faz a nós, mas revelou apenas o que era apropriado para a situação.

QUEM SE INTERESSA PELA VERDADE?

Podemos encontrar esses dois conceitos — a Verdade é uma pessoa, e a verdade pertence a quem se interessa por ela — na orientação

PURA VERDADE

específica de Paulo: "Portanto, cada um de vocês deve abandonar a mentira e falar a verdade ao seu próximo, pois todos somos membros de um mesmo corpo" (Efésios 4:25).

A exortação do apóstolo é que a verdade seja dita "ao seu próximo". Quem é o próximo? O "membro do mesmo corpo", ou seja, nosso irmão em Cristo. Como irmãos, somos dignos de nos tratar com a verdade, pois, além de família, também somos corpo dessa Verdade encarnada que é Cristo. A exortação de falar a verdade ao próximo faz parte de uma instrução maior de preservar a unidade desse corpo: "Façam todo o esforço para conservar a unidade do Espírito pelo vínculo da paz" (v. 3). O propósito de Paulo ao promover a verdade e censurar a mentira é o de que, como cristãos, nos afastemos de tudo o que possa prejudicar a unidade do corpo de Cristo, tanto entre um membro e o outro como entre o membro e a Cabeça.

Não faz o menor sentido o corpo da Verdade ser permeado por mentira. Imagine se os membros do seu corpo *"trollassem"* uns aos outros (*Trolling:* fizessem armadilhas para enganarem ou para caírem)? Se os olhos cogitassem não compartilhar com os pés o que eles estão vendo no caminho? Se o nariz resolvesse mentir, dizendo que não está sentindo cheiro de comida estragada quando, na realidade, está? Aonde isso os levaria? À morte certa, de todos eles!

Esse princípio de verdade e mútua cooperação nos é apresentado pelo próprio Jesus quando diz que "Todo reino dividido contra si mesmo será arruinado, e uma casa dividida contra si mesma cairá" (Lucas 11:17). A mentira promove divisão. Quando Satanás mentiu a Adão e Eva, dizendo que certamente não morreriam se comessem da árvore do conhecimento do bem e do mal (Gênesis 3:4), ele patrocinou uma divisão entre o Criador e a humanidade. A divisão, por sua vez, gera morte.

DIÁRIO DE VIAGEM

Ainda há **MUITO CAMINHO** pela frente em Pura Verdade; por isso, acho que seria uma boa ideia fazer uma pausa agora.

RECUPERE SUAS ENERGIAS digerindo o que você acabou de aprender.

Em quais momentos você acha mais difícil dizer a verdade?

Você já se viu tentado a mentir ou inventar uma explicação para que não ficasse mal na fita diante dos outros?

Qual atitude sua você sempre vê necessidade de explicar ou justificar (por exemplo: preguiça de estudar, dificuldade de ser pontual, consumismo exagerado)? Você acredita que esse comportamento é ruim para você, ou acha que não tem problema, e que são os outros que não entendem?

Você tem o costume de ficar se explicando e justificando suas escolhas a seus amigos? Eles pedem explicações ou você as oferece de graça?

A MORTE NÃO RESPEITA FRONTEIRAS

O poder destruidor da mentira é tão violento que até mesmo uma mentira digital pode gerar morte, tanto física como espiritual. Só que ninguém leva isso em consideração quando espalha uma *fake news* ou cria um perfil falso para zoar na rede.

A internet é uma fábrica de boatarias e mentiras. Algumas são malvistas e podem ser até criminalizadas, como espalhar boatos ou difamar alguém. Todavia, outras mentiras, como a manipulação de imagens, são bem mais aceitas, ignorando-se o fato de que causam tanto prejuízo quanto às primeiras.

Se você é cristão, possui uma grande responsabilidade em defender Pura Verdade e se firmar nela. Não podemos seguir o curso deste mundo, e fazer o que todo mundo faz só porque todo mundo faz. Temos um compromisso com a verdade que está acima de comportamentos socialmente aceitos. Portanto, não podemos ser descriteriosos com o que lemos, compartilhamos e produzimos no mundo digital, tanto quanto no mundo analógico.

A manipulação dos fatos

Vivemos a era das *fake news*, das notícias falsas. Seu habitat natural são as redes sociais, mas é possível encontrá-las em sites de notícias alternativos e, não raras vezes, em grandes portais de notícias, mais consagrados.

As *fake news* não são meros boatos, aquela coisa do tipo "não sei se é verdade, mas ouvi dizer...". Nada disso. Elas são cuidadosamente construídas para *parecerem* verdadeiras. Trazem foto e dados que enganam muito bem, e geralmente são a respeito de acontecimentos urgentes ou revelações bombásticas.

Ler uma notícia e tomá-la imediatamente como verdade é o que mais tem acontecido nestes dias. A internet já matou pessoas que não morreram, já condenou inocentes, já casou quem nem sequer se conhecia. As *fake news*, porém, não são produtos da tecnologia. Elas existem desde os primeiros dias da humanidade. A primeira *fake* você já conhece, falamos sobre ela aqui: "Certamente não morrereis", disse a serpente. Ela deu uma boa justificativa, parecia muito real, mas no fim, era uma mentira que custou a vida de toda a raça humana.

PURA VERDADE

Daquele dia em diante, *fake news* não pararam de surgir, servindo sempre a propósitos perversos. Várias guerras na história nasceram a partir dessas mentiras bem-montadas — uma das mais recentes foi a invasão do Iraque pelos EUA em 2003 por causa de armas de destruição em massa que Saddam Hussein nunca possuiu (ou, pelo menos, nunca foram encontradas). Não se sabe se a guerra foi travada para justificar a notícia, ou se a notícia foi criada para justificar a guerra. De qualquer modo, mentiras propositais sempre trazem destruição. Elas são uma das armas que Satanás usa em seu propósito de "roubar, matar e destruir" vidas humanas (João 10:10).

Dessa forma, embora nem todas as *fake news* da história tenham terminado em guerra, todas possuíam o objetivo nefasto de causar mal a inocentes, ou de justificar culpados. Em Atenas antiga, historiadores distorceram fatos históricos recentes para justificar os assassinos do governante da cidade. Em Roma, um imperador que tinha o apoio do povo divulgou o boato de que ele era o irmão perdido de seu antecessor, e mandou que seu retrato, cunhado nas moedas, fosse modificado para que ele parecesse mesmo irmão de seu antecessor (e você achando que manipulação de imagens é coisa da era digital!). Todos os episódios de caça a bruxas, que terminavam com mulheres queimadas em praça pública, foram resultado de campanhas de *fake news*. Na época da Inquisição, pessoas inocentes foram presas, interrogadas, torturadas e condenadas devido a mentiras espalhadas a seu respeito, geralmente visando o interesse político ou econômico de algum poderoso.[13] Hoje, cristãos de países hindus e muçulmanos se tornaram vítimas de campanhas de difamação semelhantes. Sendo minoria nestes países, alguns cristãos são falsamente acusados de profanar itens sagrados, ou de blasfemar contra pessoas sagradas, sem que ninguém os defenda. Muitos são irregularmente detidos, julgados e condenados — às vezes, até à morte — por atos que não cometeram.

Ainda que a *fake news* que você recebeu — e talvez, sem querer querendo, tenha compartilhado — não vá gerar uma guerra, ela sempre está a serviço daqueles que "... suprimem a verdade pela injustiça" (Romanos 1:18). É sabido que pessoas lucram, e muito, com esses boatos. Existe uma indústria do sensacionalismo que invade as redes sociais, sites e blogs com o propósito de se enriquecer a custa da manipulação da verdade. A pessoa que, sem critérios, lê e compartilha informações é presa fácil do engano, e se torna meio para enganar outros, ainda que não tenha essa intenção. Agir assim é passivamente deixar o mundo contaminar e conformar a mente de acordo com interesses escusos. Sabe-se que a manipulação é a arma dos principados e potestades para estabelecerem seus reinos, e a net é um campo de ação que eles manejam com destreza desde os primórdios.

Se há algo de verdade sobre boatos e *fake news* é que isso só se difunde quando as pessoas *querem* acreditar neles. Anúncios como "Milionários exigem que seja banido vídeo da jovem que ensina como ganhar 1 salário mínimo por semana", ou "Atriz do SBT descobre fórmula para emagrecer rápido e vira febre no Brasil" (não inventei esse títulos, copiei da lista de notícias patrocinadas em um grande portal de notícias) só existem porque há pessoas que desejam que essas coisas sejam verdadeiras. Os boatos alimentam interesses pecaminosos: preguiça, ódio, ganância, lascívia, ira, e por aí vai. Como não podem se saciar na verdade, esses desejos se lambuzam nas mentiras que os outros criam, ou que a pessoa cria para si mesma. É um estado de escravidão e ignorância do qual nós, chamados a viver em Pura Verdade, temos de fugir, e estarmos sempre vigilantes para não sucumbir a ele.

Somos responsáveis por aquilo que divulgamos, seja de nossa própria autoria, seja compartilhado de outra fonte. Sendo assim, precisamos fazer isso com prudência. Se espalho uma *fake news* ou um boato, torno-me cúmplice da mentira e do pecado. Estou servindo aos propósitos de Satanás, de manter as pessoas cativas, em vez de servir ao poder libertador da verdade. Veja, então, algumas dicas de como evitar ser um distribuidor de boatos na rede:

- **Procure a fonte por trás da informação, e desconfie de notícias que não mencionam a fonte**. Redes sociais *não* são canais oficiais de notícias (com exceção das últimas atualizações da saúde dos gatos da sua tia-avó). Não se iluda achando que é no Facebook que estará a verdade que os jornais de grande circulação omitem. Com a globalização, a exclusividade de notícia dura pouco, em pouco tempo todos os outros sites estão republicando o mesmo fato. Assim, se nenhum veículo de comunicação divulgou o "furo de reportagem", é provável que seja falso. Quando se dedicar a vasculhar a origem das informações, você encontrará o respeito ao leitor ou o engano dos aproveitadores. Se for um engano, descarte o blog, perfil ou site como fonte digna de sua atenção. Desta forma, você será mais criterioso quanto aos lugares em que buscará notícia, e evitará cair em ciladas e ter informações que distorcerão sua mente.

- **Desconfie de notícias boas demais para serem verdade**. Dizem por aí que quando a esmola é demais, o santo desconfia. Não quero promover uma visão de mundo cínica e pessimista, mas devemos sim desconfiar de promoções, campanhas de doações e vagas de emprego que parecem perfeitas demais. Jesus nos exorta a sermos "astutos como as serpentes e sem malícia como as pombas" (Mateus 10:16). Equilibre sua fé na humanidade com a certeza de que este é um mundo que está sob o poder do Maligno (1João 5:19). Não custa nada conferir a informação antes de repassá-la.
- **Cuidado com citações de personagens históricos**. Citações falsas não chegam a ser *fake news*, mas ainda assim se trata de mentira. Há pessoas que buscam disseminar sua filosofia de vida colocando suas palavras na boca de personagens históricos, e o povo "retuita" e compartilha a frase achando que está abafando. Só que não. Não vá citar Abraão Lincoln ou Clarisse Lispector se você nunca leu nada que escreveram. Você pode correr o risco de estar repetindo bobagens e passar vergonha.
- **Vasculhe sua memória (ou o Google) e veja se a situação (ou a foto) não parece familiar**. Algumas *fake news* utilizam imagens reais de eventos passados dando a entender que aquilo acabou de acontecer. Isso é particularmente comum em dias de manifestações populares, greves e rebeliões. O objetivo sempre é o de levar a opinião pública contra o governo, muitas vezes disseminando o medo no coração do leitor. Cuidado com as notícias que visam provocar pânico e insegurança, tão comuns nas redes sociais. Elas alimentam a ansiedade, depressão e crise de pânico, males tão comuns nos dias de hoje. Ainda que tais notícias sejam provadas falsas mais tarde, o estrago já está feito.

- **Pesquise!** O Google pode ser muito útil, sabia? Se receber uma notícia pelo WhatsApp, antes de compartilhar, faça o favor de pesquisar no Google. Há sites que catalogam *fake news* e irão ajudá-lo, a saber, se aquela informação é digna de ser compartilhada ou não.

A manipulação das imagens

"Os gregos eram obsessivamente preocupados com a admiração e a aprovação de seus colegas. Isso alimentou neles um caráter vão, orgulhoso, ambicioso, invejoso e vingativo."[14] Fico com a impressão de que foram os gregos os verdadeiros inventores das redes sociais! Não há vitrine melhor no mundo para buscar admiração e aprovação dos colegas.

Não vemos pessoas tristes no *Instagram*. As fotos geralmente transmitem só os momentos positivos, cuja beleza é reforçada pela escolha do filtro certo e de um bom aplicativo de manipulação de imagem. Creio que a tecnologia contribuiu bastante para a criação do termo "pós-verdade", que define a era na qual estamos vivendo. Nada é realmente o que parece ser, tudo é manipulado, relativo.

Falamos acima sobre textos falsos e da destruição que podem causar. No entanto, imagens falsas possuem a mesma capacidade letal. Em 2008, a então deputada francesa Valérie Boyer criou um projeto de lei em seu país pedindo que todo retrato retocado por programas de computador viesse com um selo, indicando que ali houve manipulação. Sua justificativa era: "Vivemos em uma sociedade da imagem, na qual a figura do corpo tem muita importância. Entretanto, partimos de um modelo restrito do que é belo, uniformizamos a beleza. Valorizamos a diversidade das origens, mas as mulheres, sejam elas americanas, francesas, brasileiras ou japonesas, são todas iguais e, se fugirem aos padrões desejados, são transformadas pelo computador para entrarem no modelo. Imitamos corpos e belezas inacessíveis, que não são verdadeiros". Um dos objetivos de seu projeto era prevenir distúrbios de saúde, "já que a pressão da imagem irreal sobre as mulheres, sobretudo, pode ser um fator de frustração e provocar problemas psicológicos e alimentares (como a anorexia ou bulimia)".[15] O projeto de lei não foi aprovado.

Pessoalmente, acredito que boa parte da ansiedade e depressão que a juventude experimenta hoje tem a ver com as redes sociais. Não é apenas o tempo que passam on-line, em vez de se dedicarem a atividades mais proveitosas. Penso que isso está ligado principalmente ao *conteúdo* que acessam durante horas a fio enquanto passeiam o dedo pelos perfis de amigos, celebridades e desconhecidos. Por mais que saibamos que se trata de uma rede de mentiras, na qual os momentos ruins ficam escondidos, baixamos a guarda e nos deixamos influenciar. Jovens têm aceitado o estilo de vida do YouTube X ou do *influencer* Y como o jeito certo de viver. Deixam seu coração ser enganado por fotos cuidadosamente montadas, feitas com o objetivo de despertar necessidades que não existiam e levar o usuário a comprar o produto que está patrocinando aquele post. Os seguidores agem por impulso, atraídos pela falsa imagem, e acabam fazendo escolhas tolas e inconsequentes para se igualarem às pessoas que admiram — as quais não são reconhecidas por seu caráter, mas por sua reputação de "rico, famoso, influenciador" e qualquer outro termo que esteja na moda.

Diariamente consumimos centenas de imagens e perfis que foram manipulados com o objetivo diabólico de despertar em nós uma insatisfação e nos tornar propícios a consumir este ou aquele produto, serviço etc. Tudo é patrocinado, não tenha dúvidas disso. O seu próprio perfil é patrocinado pela rede social para manter seus amigos mais tempo on-line e, com isso, ficarem mais tempo expostos a propagandas e conteúdo de marketing. Se não acredita em mim, então veja o que diz Seth Godin, CEO de uma das primeiras companhias de marketing on-line: "A mídia social não foi inventada para fazer você se sentir melhor. Ela foi inventada para você produzir dinheiro para uma empresa. Dessa forma, você se torna empregado da empresa. *Você é o produto que eles vendem*. Eles o colocam numa gaiola de hamster e lhe dão alguns petiscos de vez em quando. [...] As grandes empresas de redes sociais passaram de um serviço de utilidade pública profundamente importante e útil, que criava enorme valor, para empresas públicas pressionadas a fazer o preço do mercado de ações subir" (grifo meu).[16]

Sim, querido leitor, você é um produto. Espera-se que você seja um produto bem bonitinho e atraente. Por isso, criam mais e mais filtros para tornar o seu dia normal num dia espetacular e, assim, arrebanhar muitos seguidores *para a empresa*, e não para você.

Jesus era reconhecido até por seus opositores por não se deixar influenciar por ninguém, porque não se prendia à aparência dos homens (Mateus 22:16). Sendo a Pura Verdade, Jesus conseguia distinguir entre uma imagem manipulada e uma imagem real, entre a religião dos fariseus e a verdadeira adoração. Talvez você sinta que precisa dessa "visão de raio-X" para não sucumbir às mentiras que tentam convencê-lo. Gostaria de lhe dizer que quando você se despe do velho homem e se reveste de Cristo, também está se revestindo dessa capacidade de discernir o verdadeiro do falso. Essa é mais uma das bênçãos do catálogo espiritual que nos foi conquistado e garantido em Cristo Jesus.

"Se algum de vocês tem falta de sabedoria, peça-a a Deus, que a todos dá livremente, de boa vontade; e lhe será concedida" (Tiago 1:5). Peça a Deus sabedoria para se desvencilhar das armadilhas da mentira que influenciam seu comportamento e tiram sua paz. Cada caso é único, mas provavelmente uma atitude sábia será o de deixar de seguir certas pessoas, deixar de acompanhar certos sites e blogs. Jim Rohn, renomado empresário norte-americano, disse que somos a média das cinco pessoas com as quais mais passamos tempo. Nosso guia Paulo afirmou que as más companhias corrompem os bons costumes (1Coríntios 15:33). Na época que disseram essas palavras, antes da revolução tecnológica, os dois provavelmente estavam pensando nos amigos e familiares que convivem conosco. Mas hoje, as cinco pessoas com as quais você mais passa tempo podem ser perfis das redes sociais. As más companhias que o corrompem podem ser o YouTube que acompanha religiosamente todo santo dia. Em termos de influência, não existe uma linha que separa o virtual do real. Somos influenciados por livros que lemos, músicas que ouvimos e, certamente, por pessoas que seguimos. Ora, se o que essas pessoas nos transmitem são manipulações e enganos, se o que aprendemos delas é fazer com que a mentira pareça real, não podemos esperar que nos firmemos em Pura Verdade. O mais sensato a se fazer é mudar as companhias, os perfis, e buscar gente que seja da Verdade.

AS ARMAS DA VERDADE

Não confunda, porém, pessoas verdadeiras com pessoas desbocadas, cujo slogan é "Falo mesmo e não estou nem aí!". Não estamos atrás de franqueza que sirva de desculpa à maldade e à difamação. Queremos gente que segue a Verdade em amor (Efésios 4:15). A verdade e o amor caminham juntos — o amor se alegra com a verdade (veja 1Coríntios 13:6), muito provavelmente porque ambos se encarnaram no mesmo corpo, o de Jesus.

Como vimos, toda verdade aponta para Cristo. Portanto, toda verdade é poderosa e possui um potencial tremendo de libertação. Ela é mais forte que a mentira, logo, devemos recorrer a ela em nossa guerra contra este mundo hostil.

Os gregos acertaram ao notar a hostilidade do mundo, mas erraram ao achar que poderiam vencer o mundo sendo mais espertos que ele. Eles não perceberam que "o mundo" contra o qual lidavam não eram seres humanos, mas "...os poderes e autoridades, contra os dominadores deste mundo de trevas, contra as forças espirituais do mal nas regiões celestiais" (Efésios 6:12).

Paulo não queria que seus amigos efésios, e nem nós, fôssemos ignorantes a respeito dessa guerra. Os gregos antigos entenderam que não seria uma espada ou uma clava que os protegeria; mas as mentiras nas quais confiaram se mostraram igualmente inúteis, ou até piores. A guerra que acontece nas regiões celestiais só pode ser combatida com recursos espirituais.

> Por isso, vistam toda a armadura de Deus, para que possam resistir no dia mau e permanecer inabaláveis, depois de terem feito tudo. Assim, mantenham-se firmes, cingindo-se com o cinto da verdade, vestindo a couraça da justiça e tendo os pés calçados com a prontidão do evangelho da paz (Efésios 6:13-15).

Quão surpresos podemos ficar ao ver que o primeiro item da lista de recursos espirituais é nada mais, nada menos, que a verdade? Sim, a verdade, disponibilizada em forma de cinto!

A ordem em que Paulo menciona as peças da armadura de Deus equivale à ordem em que o soldado as vestia. Assim, o primeiro item de uma armadura era o cinto. Não era um cinto para segurar as calças, como os que usamos hoje, mas ele possuía a mesma função de segurar as coisas no lugar. Tratava-se de uma peça que dava a volta no tronco do soldado, subindo da lombar até o peitoral. Seu papel era o de manter no lugar as peças sobrepostas da armadura, além de dar ao soldado a precisão e liberdade de movimentos necessários para lutar. Assim, era impossível haver um soldado bem-equipado para o combate que não estivesse trajando seu cinturão.

A analogia é perfeita. Em nossa batalha pessoal e coletiva contra este mundo hostil, a primeira peça a vestir tem de ser a verdade. Ela não só protegerá os órgãos vitais do nosso corpo espiritual, como nos dará liberdade de movimento.

Você conhece alguém que vive enroscado nas mentiras que conta? Não conheço uma única pessoa que, tendo mentido, continua a vida tranquilamente. A mentira requer alta e constante manutenção. E a pessoa engajada numa mentira não tem liberdade alguma. Ela fica refém daquilo até que diga a verdade. Esse é um dos sentidos nos quais a verdade liberta (João 8:32).

Se não temos a verdade como base de nossas crenças e atitudes, nada mais vai se sustentar. Podemos ser crentes que vão à igreja toda semana, que até estão envolvidos de alguma forma com o ministério, mas nossa vida será mais uma farsa. Não importa saber o que é a verdade e conhecê-la na Pessoa de Cristo, sem praticá-la para com o outro.

A internet nos dá a impressão mentirosa de que somos totalmente anônimos. A possibilidade de criar um perfil falso, um e-mail falso reforça essa sensação, bem como o fato de eu poder me fazer passar por outra pessoa. Nesses casos, quando enganamos o outro, nos sentimos no poder. Rimos da ingenuidade dele, esnobamos sua inocência. Mas isso é terrível. Acredito que o sentimento de Satanás não foi muito diferente desse quando enganou Eva. Talvez tenha pensado: "Veja como é estúpida essa criatura feita à imagem de Deus! Como é tonta! Nem percebe que não está falando com uma serpente, nem se deu conta de que cobras não falam!". Naquele dia, ele saiu vitorioso.

Jesus, o Filho de Deus, a Verdade em carne e osso, veio para destruir as obras do Diabo (1João 3:8). E uma dessas obras é a mentira.

Cristo passou pelo mesmo teste de Adão e Eva; ele também foi tentado por Satanás (Mateus 4:1-11). Porém, diferente dos nossos primeiros pais, o nosso Salvador saiu vitorioso porque não creu nas mentiras do Diabo. Em vez disso, combateu-as com a Palavra de Deus: "... Está escrito: 'Nem só de pão viverá o homem, mas de toda palavra que procede da boca de Deus'" (Mateus 4:4).

A Palavra de Deus é a verdade, a Pura Verdade. Essa Palavra diz o que é real a respeito de mim, de você e de todas as outras pessoas. Tudo o que contradiz essa Palavra é mentira, criada e patrocinada por seu pai diabólico. Os que persistem na prática da mentira e do engano terão o mesmo destino que Satanás: "Mas os covardes, os incrédulos, os depravados, os assassinos, os que cometem imoralidade sexual, os que praticam feitiçaria, os idólatras e todos os mentirosos — o lugar deles será no lago de fogo que arde com enxofre. Esta é a segunda morte" (Apocalipse 21:8).

Pura Verdade não é um convite para você ser bonzinho e ter atitudes morais aceitáveis. Ela é consequência de seu Alto Chamado: imitar Cristo, agir como ele em todas as situações, em todas as redes, em todo o tempo. Se ele é a Verdade, segui-lo significa ter atitude que o revelem aos outros. Desconecte-se da mentira, reconecte-se à Verdade.

DIÁRIO DE VIAGEM

Que **PENSAMENTOS** Pura Verdade provocou em você?

Eu adoraria saber!

Vamos **CONVERSAR** sobre isso enquanto nos preparamos para a próxima etapa de nossa jornada.

Com qual frequência você checa a veracidade das informações que recebe nas redes sociais?

☐ Sempre
☐ Às vezes
☐ Nunca

Quais são os malefícios que um boato pode causar a você, às pessoas que o ouvem e, principalmente, à pessoa difamada no boato?

Quais são os cinco perfis das redes sociais que você mais acompanha?

PERFIL	REDE (Instagram, YouTube etc.)

Esses perfis fazem posts patrocinados? Você acredita que tudo o que dizem num post patrocinado é verdade, ou que estão dizendo aquilo só porque foram pagos?

Notas

[1] Este relato foi criado a partir do texto de P. Walcot. WALCOT, P. "Odysseus and the Art of Lying", *Ancient Society*, v. 8, 1977, p. 6-7. Disponível em: <www.jstor.org/stable/44080110>. Acesso em: 12 jun. 2019.

[2] HUTTO, David. *Telling Lies and Inventing Rhetoric In Ancient Greece*. Disponível em: <www.juniata.edu/offices/juniata-voices/media/Telling-Lies-and-Inventing-Rhetoric-In-Ancient-Greece-David-Hutto-JuniataVoices.pdf>. Acesso em: 12 jun. 2019

[3] Ibidem.

[4] WALCOT, P. "Odysseus and the Art of Lying", p. 2.

[5] VIRGÍLI, O. *Eneida*, livro 2. Disponível em: <www.poetryintranslation.com/PITBR/Latin/VirgilAeneidII.php#anchor_Toc536009309>. Acesso em: 29 jun. 2019.

[6] MAHAFFY, John Pentland apud WALCOT, P., p. 4.

[7] FRAGA, Betania Vasconcelos da Cruz. "Do pícaro espanhol ao malandro brasileiro: percursos do anti-herói". *Macabéa*, v. 7, n. 1, p. 29. Disponível em: <periodicos.urca.br/ojs/index.php/MacREN/article/view/1410/1260>. Acesso em: 29 jun. 2019.

[8] CORTELLA, Mario S. et al. *Verdades e mentiras: ética e democracia no Brasil*. Campinas: Papirus, 2018, versão digital.

[9] GOMES, Danilo C.; MORAES, Aline F. G. de; HELAL, Diogo H. "Faces da cultura e do jeitinho brasileiro: uma análise dos filmes O Auto da Compadecida e Saneamento básico". *Holos*, ano 31, v. 6, p. 503. Disponível em: <www2.ifrn.edu.br/ojs/index. php/HOLOS/article/view/2988/1245>. Acesso em: 29 jun. 2019.

[10] Ibidem.

[11] Esta é a citação literal de João 18:33-38.

[12] ANDRÉ, Irmão; SHERRILL, John; SHERRILL, Elizabeth. *O contrabandista de Deus*. Belo Horizonte: Betânia, 2008, p. 136-138.

[13] ALTARES, Guillermo. "A longa história das notícias falsas". Disponível em: <brasil.elpais.com/brasil/2018/06/08/cultura/1528467298_389944.html>. Acesso em: 29 jun. 2019.

[14] LITTMAN, Robert J. apud WALCOT, P., p. 4.

[15] BOYER, Valérie Boyer. "O Photoshop faz mal à saúde". Disponível em: <revistagalileu. globo.com/Revista/Common/0,ERT110517-17774,00.html>. Acesso em: 1 jul. 2019.

[16] REINKE, Tony. *12 ways your phone is changing you*. Wheaton: Crossway, 2017, p. 99.

XÔKAPETA

TERCEIRO POSTO

LEMA

"Quando vocês ficarem irados, não pequem. Apaziguem a sua ira antes que o sol se ponha, e não deem lugar ao Diabo" (Efésios 4:26-27).

Venha, não tenha medo. Ninguém vai perceber que estamos aqui. Estão todos dormindo.

O cenário é, ao mesmo tempo, bonito e assustador, concorda? As naus são magníficas, mas ver tantas assim —há exatamente 1.186 delas — deixa o coração apreensivo. E não poderia ser diferente, já que elas nos lembram de que estamos em meio a uma guerra.

Essas choças na praia são o acampamento grego. Vieram cerca de cem mil homens para cá, mas não sei quantos ainda estão vivos a essa altura da batalha. O principal entre eles ainda sobrevive, e é para a cabana dele que estamos indo.

Vai ser fácil identificá-la. Já ouvi dizer que a casa tem a cara do dono, e no caso de Aquiles não poderia ser mais verdadeiro. É a cabana mais opulenta do acampamento, talvez até mais que a de Agamêmnon, o líder desse exército. Eu acho que a choça de Aquiles reflete o que ele pensa sobre si, e não tem vergonha de dizer: que é o guerreiro mais importante de todos, e que, sem ele, os outros noventa e nove mil, novecentos e noventa e nove homens não têm a menor chance.

O pior é que ele está certo.

Chegamos. Tem até varanda, viu? É praticamente uma casa. Além de Aquiles, estão alojados aqui seus dois escudeiros —antes eram três — e algumas servas. Essa porta de entrada tem uma tranca que precisa de três homens para abri-la. Mas três dos homens comuns; Aquiles consegue abri-la e fechá-la sozinho, é claro.

Vamos nos sentar aqui fora, junto à cerca. Entrar na cabana, além de impossível por causa da tranca da porta, não seria uma boa ideia. Este não é um bom momento. Respire fundo e ouça o barulho que vem de dentro da cabana de Aquiles...

Sim, ele está chorando. Apesar de todo o seu tamanho, ele não tem dificuldade de chorar. Consegue chorar tanto de dor como de raiva. O choro agora é de dor. Há mais ou menos um mês, ele tomou uma decisão terrível, num momento de ira, e foi o princípio de sua tragédia.

Tudo começou quando ele ficou irado com uma decisão de Agamêmnon e, irritadinho, resolveu que não iria mais guerrear. Simples assim. Foi tipo: "Bom, se vocês não reconhecem que eu sou a última bolacha do pacote, então fiquem aí, que não vou lutar mais". Veio para a cabana com seu querido amigo e fiel escudeiro, Pátroclo, e cá ficou.

Ainda nervosinho, Aquiles ligou para a mamãe dele, uma deusa, e contou toda a história. A mamãe ficou com pena e mexeu os pauzinhos com os outros deuses, pedindo que os gregos perdessem as batalhas só para reconhecerem a importância de Aquiles e suplicarem seu retorno. Se não fosse uma tragédia grega, seria uma excelente novela mexicana.

Só que o exército chegou mesmo a mandar uma delegação com presentes e pedidos de desculpas, pedindo para que Aquiles voltasse, mas ele não cedeu. E enquanto ficou aqui, emburrado, os gregos foram perdendo batalha atrás de batalha.

Até que essa semana, seu amigo Pátroclo, muito mais ajuizado, sugeriu ir lutar no lugar de Aquiles, vestindo a armadura do amigo. Ele aceitou... mas Pátroclo morreu no campo de batalhas, quando descobriram que não era Aquiles quem estava por baixo da armadura.

Se Aquiles ficou irado porque não reconheceram seu valor como guerreiro, você consegue imaginar como ele ficou depois que seu amigo morreu? Tudo o que ele queria era se vingar. Ele voltou ontem à batalha, e não precisou nem de presentes, porque o que moveu foram ira e vingança. Nesse espírito, ele assassinou o assassino do amigo, cujo corpo está aí do outro lado da cerca. É, Aquiles está mantendo um cadáver de refém porque está cego de raiva.

Vamos embora antes que a coisa fique pior. Em Xôkapeta, você vai ver como lidar com a ira sem ficar cego como Aquiles.[1]

Se tem uma coisa pela qual os gregos prezavam era sua honra. Insultar a honra de alguém doía mais que um tapa na cara e trazia sérias consequências.

O poema épico *Ilíada* gira em torno de um incidente de ira, indicado logo no primeiro verso: "Canta, ó deusa, a cólera de Aquiles". Os 14.999 versos que se seguem explicam as catástrofes pessoais e coletivas que resultaram da cólera de Aquiles. Tudo começou porque ele não quis dar honra a quem ela era devida, e não recebeu a honra que supunha merecer.

O fato é que todos os gregos de todas as épocas, com qualquer nível de instrução, conheceram a história de Aquiles e fizeram dela sua ferramenta básica para pensar a respeito de honra, insulto, ira e vingança. Não surpreende, então, que desde os tempos mais antigos, a estrada que vai da honra ao insulto, do insulto à ira, e da ira à vingança fosse bem conhecida e constantemente utilizada por gregos de todas as gerações. É verdade que gregos da Idade do Bronze (época em que está situada a história da Ilíada) não se vingavam como a população mais civilizada de Atenas, contemporânea do apóstolo Paulo.[2] Mas tanto numa época como na outra, os atritos eram resolvidos com retaliação. Grandes pensadores gregos, como o poeta Hesíodo, defendiam a vingança desproporcional: "Quem o ofendeu primeiro, com atos ou palavras odiosos, lembre-se de retribui-lo dobrado."[3]

Então, quando o apóstolo Paulo diz aos efésios para não pecarem quando ficassem irados, não é uma ordem simples de se cumprir. Havia toda uma cultura de vingança, desenvolvida e alimentada por séculos, que ensinava os efésios, desde pequenos, que vingar-se era necessário. E então vem Paulo com essa ideia de que ok, você pode se irar, mas desde que isso não o leve a pecar.

DÁ PARA SE IRAR DESSE JEITO?

Paulo está, na verdade, citando as palavras de um grande guerreiro, o rei Davi. Ele disse isso em Salmos 4:4: "Quando vocês ficarem irados, não pequem". Davi era o Aquiles dos seus dias: um guerreiro excepcional, que realmente fazia diferença numa batalha. Mas, ao contrário do grego, Davi soube ancorar sua ira em Xôkapeta, em vez de se deixar levar por ela. Ele sabia que "Melhor é o homem paciente do que o guerreiro, mais vale controlar o seu espírito do que conquistar uma cidade" (Provérbios 16:32).

Mas Davi não está sendo falso. Como guerreiro, sabia bem a sensação de ficar irado: o sangue fervendo, as veias saltando, o corpo tremendo. Era nisso que Davi estava pensando quando escreveu este poema. A palavra em hebraico que ele usou na expressão "ficar irado" significa literalmente "estar tremendo".

A pergunta é: como lidar com esse tremor *sem* pecar?

Há dois tipos de ira: uma que é má e injustificada, resultado de um orgulho ferido. Esse tipo leva ao pecado, e Paulo exorta os efésios a se desembaraçarem dessa categoria de ira: "Livrem-se de toda amargura, indignação e *ira*" (4:31).

A outra é uma ira santa, expressão de repúdio ao mal, fruto da lealdade da pessoa a Deus. Esse tipo de ira, além de não ser pecaminoso, é até esperado do cristão. Deus, que nos fez, sabe que não temos sangue de barata, e pressupõe que, mais cedo ou mais tarde, nós, seus filhos, nos iremos com situações que insultem nosso Pai. É por isso que, em vez de dizer "não fiquem irados", Paulo diz: "*Quando* vocês ficarem irados, não pequem".

Não há exemplo melhor de ira santa que o do Senhor Jesus, naquele dia em que o chicote comeu solto no templo de Jerusalém.

Durante o ministério de Jesus, os fariseus o provocaram de muitas formas. Cristo ignorou algumas investidas, respondeu outras, foi duro em outros casos. Contudo, ele só manifestou sua ira santa quando a idolatria e injustiça profanaram o santuário do Pai.

> Jesus entrou em Jerusalém e dirigiu-se ao templo. Observou tudo à sua volta e, como já era tarde, foi para Betânia com os Doze.
>
> No dia seguinte, [...] chegando a Jerusalém, Jesus entrou no templo e ali começou a expulsar os que estavam comprando e vendendo. Derrubou as mesas dos cambistas e as cadeiras dos que vendiam pombas e não permitia que ninguém carregasse mercadorias pelo templo.

E os ensinava, dizendo: "Não está escrito: 'A minha casa será chamada casa de oração para todos os povos'? Mas vocês fizeram dela um 'covil de ladrões" (Marcos 11:11-12a, 15-17).

Geralmente pensam que Jesus chega chegando ao templo, arranja um chicote e toca terror nos comerciantes. Mas não foi assim. Jesus havia estado no templo no dia anterior. A Bíblia fala que ele não só esteve lá, como também "observou tudo à sua volta". Assim, a "explosão" de ira de Jesus não foi uma reação imediata. Ela foi genuína e apaixonada (no sentido de ter mexido com seus sentimentos), porém não foi irrefletida. Jesus não se deixou cegar pelo que viu, e reagiu de forma proporcional ao que estava acontecendo.

Havia duas coisas em questão. Em primeiro lugar, os vendedores e cambistas usavam o templo de Deus para cultuar seu próprio ídolo, Mamom (ou seja, a riqueza). Faziam isso explorando os adoradores que iam ao templo. Você já se sentiu explorado em alguma situação da qual não tem como fugir? É o que acontece, por exemplo, em determinadas companhias aéreas, que cobram um preço absurdo das comidas e bebidas oferecidas a bordo, enquanto o passageiro não tem a possibilidade de se alimentar em outro lugar. Se ele está realmente com fome, não tem como "descer" e comprar um lanche no próximo posto. Se quiser comer, terá de comprar o que a companhia oferece e pagar o quanto ela pede. No templo acontecia algo parecido. As pessoas vinham de todos os lugares para adorar e oferecer sacrifícios a Deus. Os visitantes que vinham de mais distante, em vez de arrastar seu gado e cereais por quilômetros, traziam em dinheiro o valor referente às ofertas e aos sacrifícios. Chegando em Jerusalém, eles adquiriam os itens necessários para apresentá-los no templo. Alguns religiosos perceberam que dava para se aproveitar da situação, como se fosse um "nicho de mercado". Criaram um verdadeiro mercado no templo, cobravam um valor exorbitante nas taxas de câmbio e na compra de animais para o sacrifício, e praticavam todo tipo de falcatrua que conseguiam imaginar.[4] Enfim, transformaram toda a experiência de culto em um pregão da bolsa de valores. Isso fez o coração do nosso Senhor arder.

Em segundo lugar, a liderança religiosa do templo permitia que o comércio acontecesse no único espaço de culto reservado aos gentios.

O templo de Jerusalém não era um prédio único, e sim um complexo de salas e pátios, mais ou menos como um pequeno campus universitário dos dias de hoje. Uma das áreas desse complexo era o átrio dos gentios. Os não judeus que criam no Deus de Israel teoricamente poderiam usar esse espaço para adorá-lo. Digo "teoricamente" porque era nesse espaço que o mercado negro de animais e câmbio acontecia. Ou seja, o acesso dos gentios a Deus estava interditado por aqueles que amavam o dinheiro acima de todas as coisas. Contra isso o Senhor Jesus também se irou, porquanto: "A minha casa será chamada casa de oração *para todos os povos*".

Esse episódio ficou conhecido como "a purificação do templo", em vez de "o dia em que Jesus perdeu a linha". Aos olhos humanos, poderia até parecer que ele foi rígido demais, descontrolado. Fico imaginando o bafafá que essa atitude causaria nas redes sociais se tivesse acontecido ontem. No entanto, aos olhos de Deus, creio que foi mesmo um ritual de purificação. Os ídolos foram destruídos, como acontecia de tempos em tempos na história de Judá, e o acesso dos gentios ao templo foi recuperado.

A IRA QUE COMEÇA SANTA NEM SEMPRE ACABA ASSIM

A ira de Jesus nunca o levou a pecar porque ele tinha suas emoções sob perfeito controle. Ele todo era santo. Eu já não posso dizer a mesma coisa a respeito das minhas emoções... Infelizmente, não são poucas as vezes em que elas me controlam! Mas tenho certeza de que isso não acontece apenas comigo. Como somos pecadores, é extremamente possível que uma ira justa termine em injustiça. Ela é uma emoção muito forte, com alto grau de probabilidade de nos levar ao pecado. É preciso controlá-la rapidamente para que não nos induza ao pecado, agindo por impulso, e nem para que, sendo abafada dentro do coração, comece a fermentar e apodrecer. Pois, quando exalamos esse cheiro podre, quem é que vem correndo?

Isso mesmo, o capeta.

O Diabo é que nem mosca em dia de churrasco: não precisa chamar, ele vem sozinho quando sente o cheiro. Pedro nos alerta que Satanás não está tão distante de nós como imaginamos, mas "anda ao redor

XÔKAPETA

como leão, rugindo e procurando a quem possa devorar" (1Pedro 5:8). Ele não vai menosprezar qualquer oportunidade, por menor que seja, de levar você a pecar.

A ira que começa a sair do controle deixa uma porta entreaberta para o Diabo entrar e sapatear na nossa vida. Essa ira já se desconectou da justiça e da santidade que aprazem a Deus, e foi virando amargura e indignação. O Diabo vê nesses sentimentos escusos uma oportunidade de levar o ser humano a acolher e extravasar pensamentos, palavras e ações errados. Em vez de ser porta-voz da justiça de Deus, a pessoa se torna um tanque de guerra que massacra relacionamentos. Assim, Paulo exorta os crentes a, quando se irarem, não darem lugar ao Diabo (Efésios 4:27).

Em seu bem-humorado livro *Cartas de um Diabo ao seu aprendiz*, o brilhante escritor cristão C. S. Lewis imagina como um demônio mais velho ensinaria outro demônio mais jovem a levar alguém a pecar. O livro nos faz pensar em armadilhas que Satanás usa para nos fazer cair. Em relação à ira, ele diz o seguinte: "É algo que temos como manipular. A tensão dos nervos humanos durante ruídos, perigos e fadiga, torna os homens propensos a qualquer tipo de emoção violenta, sendo somente uma questão de canalizar tal suscetibilidade para os lugares certos".[5] Quando você está com sono ou fome, torna-se mais sensível e mais suscetível ao descontrole. Isso pode ser usado contra você.

Não se engane: o Diabo não é humano, mas ele vem observando a nossa raça desde os dias de Adão. Ele é incapaz de ler seus pensamentos, mas sabe bem quando alguma coisa tira você do sério. Ele o observa 24 horas por dia. Possui um caderninho no qual anota todas as suas reações aos mais diversos tipos de situações. E acredito que se ele tem dúvida de alguma coisa, então cria a situação só para ver como você vai reagir e, então, anota no caderninho. (O lance do caderninho é brincadeira, mas todo o resto é sério.)

Xôkapeta tem, então, uma posição importantíssima em nossa jornada. Nesta vida, não teremos como manter o Diabo afastado do nosso redor. Mesmo assim, podemos e *devemos* proteger nossas emoções e reações de sua influência, não lhe dando qualquer oportunidade.

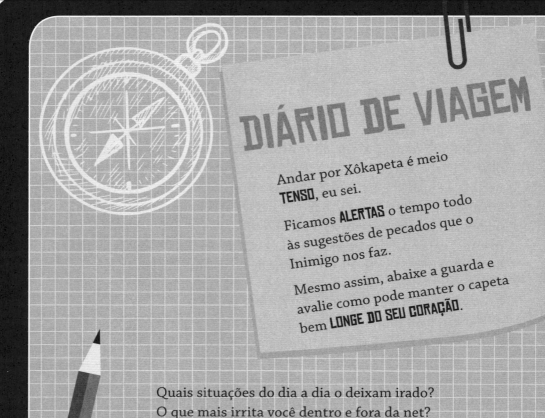

DIÁRIO DE VIAGEM

Andar por Xôkapeta é meio **TENSO**, eu sei.

Ficamos **ALERTAS** o tempo todo às sugestões de pecados que o Inimigo nos faz.

Mesmo assim, abaixe a guarda e avalie como pode manter o capeta bem **LONGE DO SEU CORAÇÃO**.

Quais situações do dia a dia o deixam irado?
O que mais irrita você dentro e fora da net?

Você já agiu dominado pela ira? O que você fez?
Quais foram as consequências dessa atitude?

Você já se irou por alguma injustiça que não tenha
sido cometida contra você, mas contra outra pessoa?
Qual era o caso? Você fez algo a respeito?

Alguém já publicou algo contra você na net? Se sim, como
você se sentiu? Se não, como acha que se sentiria? Você
acha que alguém merece passar por esse tipo de situação?

FAÇA UMA TERAPIA CASEIRA COM SEU CORAÇÃO

Quando Paulo aconselha sobre como gerir a ira, ele troca de palavra, e não fala mais da emoção em si, mas de uma consequência em nós, que é a "provocação". Traduzido ao pé da letra, o versículo de Efésios 4:26 ficaria assim: "Quando vocês ficarem irados, não pequem. Apaziguem a sua *provocação* antes que o sol se ponha".

Imagine que você, muito tonto, colocou o dedo na tomada e levou um choque. Mesmo depois de ter tirado o dedo da tomada, você ainda sente um certo tremor percorrendo seu corpo (se tiver dúvidas, coloque o dedo na tomada e verifique por sua conta e risco). O choque é a ira, o tremor que permanece seria a provocação.

Paulo nos exorta a apaziguar — acalmar, pacificar — esse tremor emocional pós-ira. É pegar o coração no colo e dizer: "Shhh...". No salmo citado, o 4:4, Davi aconselhou: "ao deitar-se reflitam nisso, e aquietem-se". Outra tradução diz: "consultai no travesseiro o coração e sossegai" (RA).

É uma terapia, e o divã é o travesseiro. Você coloca seu coração lá, deitadinho no travesseiro e analisa. "Por que tal coisa deixou você tão alterado, coração? Quais são suas verdadeiras motivações? Do que você tem medo, do que está tentando se proteger? Ou o que você tem medo de perder e estava tentando guardar?"

Essa consulta precisa acontecer *no mesmo dia*. Acredito que essa é uma das poucas orientações bíblicas com horário-limite para ser observada. Temos de ser rápidos em tratar da ira, antes que ela comece a nos influenciar por completo. Se ela for acolhida e alimentada no coração, pode rapidamente se consolidar em ressentimento e amargura.

Tratar a ira no mesmo dia não é a mesma coisa que agir por impulso. Infelizmente, é o que mais acontece quando as pessoas se iram, talvez de forma ainda mais veloz na comunicação on-line. Elas põe tudo a perder quando respondem a um e-mail ou uma mensagem no calor do momento. Às vezes nem leram direito o que estava escrito, mas saem respondendo assim mesmo. A velocidade das telecomunicações nos deixou a impressão errada de que devemos responder aos outros no mesmo ritmo: Pá-pum. Desprezamos tudo o que é mais vagaroso. Não suportamos conexões e nem gente lenta. Esse preconceito contra o que vai mais devagar do que se gostaria — ainda que, pelos padrões naturais, esteja caminhando no ritmo certo — leva as pessoas mais conectadas a se atropelarem nas respostas rápidas.

Ninguém é obrigado a responder nada rapidamente, nem nas conversas normais, menos ainda nas mais acaloradas. Nem ao vivo nem on-line. Da mesma forma, ninguém é obrigado a responder nada *a você* rapidamente. Temos de confessar diante de Deus a impaciência que nos invade quando percebemos que a pessoa visualizou nossa mensagem no WhatsApp ou no Messenger *mas ainda não respondeu*. Desconecte-se da ditadura das respostas e reações rápidas. Não apresse ninguém, da mesma forma que não gosta de ser apressado. Não obrigue ninguém, nem você mesmo, a ter de arcar com as consequências de uma bobagem ou uma atitude impensada por causa da pressa em responder. Agir com calma, apaziguar o coração, evita explosões de ira, bem como a ansiedade.

VINGANÇA COZIDA NÃO É MELHOR QUE A CRUA

Não é só de impulsividade que se alimenta a ira que rola na net. Às vezes, a resposta é bem cozinhada, bem planejada para ferir o outro na mesma medida — ou até maior — em que se foi ferido.

Dissemos que a ira santa é uma expressão de repúdio ao mal, fruto da lealdade da pessoa a Deus. Essa definição já exclui toda possibilidade de justificar uma ira que tenha surgido por causa de uma ofensa cometida *contra mim*. Vimos que Jesus, o exemplo máximo de ira santa, não reagiu a ofensas que recebeu pessoalmente, mas às violações do mandamento de amar Deus sobre todas as coisas e ao próximo como a si próprio (confira Mateus 22:37-40). Dessa forma, seguindo o exemplo do nosso Mestre,

> o cristão deve estar certo de que sua ira provém de justa indignação, e que não exprime apenas provocação pessoal ou orgulho ferido. Não deve possuir motivos pecaminosos, nem permitir que o leve de qualquer forma ao pecado.[6]

Porém, na net, a ira se propagada quase exclusivamente em casos de provocação pessoal ou orgulho ferido. A frase "Vou xingar muito no Twitter"[7] se tornou o lema da geração atual. Desentendimentos e frustrações são eternizados em posts enraivecidos. Muita gente usa a net como lavanderia pública e expõe toda a roupa suja que ficou acumulada. Esse comportamento lamentável acontece, talvez até com mais frequência, entre parentes e irmãos de igreja.

A ira é a emoção que mais viraliza, mas a que menos gera solução. Fazer um post enorme dizendo o quanto você ficou indignado com isso ou aquilo não resolve o problema e nem o leva para mais perto de um desfecho. Se algo o tira do sério (justificadamente), consulte a Deus quais providências tomar a respeito, e aja de modo assertivo, sem mandar indiretas. Ventilar sua ira ou frustração não resolverá as coisas; pode até piorá-las. A indignação não resolve nada; não é de se espantar que Paulo orienta os efésios a abandonarem-na, junto com a ira não santa (Efésios 4:31).

Um dos pecados ao qual a ira cega nos leva é o de nos colocar na posição de juízes sobre os outros, acima de qualquer suspeita. Tornamo-nos a lei, e distribuímos vereditos e sentenças a todos que despertaram ira em nosso coração. Ocupamos o lugar de Deus na tribuna e rasgamos sua lei quando tomamos a justiça em nossas mãos. Embora haja muitos "uns aos outros" na Bíblia, não há um "julguem-se uns aos outros", menos ainda "acusem-se uns aos outros". Quem se encarrega do primeiro é Deus; do segundo, Satanás.

Espalhar mensagens desfavoráveis pela net, com a intenção de gerar hostilidade ao seu desafeto, sem o menor desejo de resolver o impasse tem, na Bíblia, o nome de *calúnia*. Adivinha só? Ela também está na lista de comportamentos proibidos por Paulo em Efésios 4:31, junto com a indignação e a ira. Uma coisa leva à outra, e nenhuma delas é capaz de nos manter firmes em Xôkapeta. Por isso, devem ser abandonadas.

A palavra grega para *calúnia* significa literalmente "falar contra". Seu maior problema não é tanto o fato de ser uma informação falsa — às vezes, não é — mas de ser um ato injusto e impiedoso (literalmente: sem piedade). A maioria das pessoas acham que é ok difundir informações negativas, desde que sejam verdadeiras. Mentir é que é imoral. Mas será que espalhar verdades comprometedoras também não seria uma atitude imoral?[8]

Tratamos da mentira em Pura Verdade. O que está em questão aqui em Xôkapeta não é se você está dizendo a verdade, pois provavelmente está. É, antes, se está fazendo isso de modo que revela a Jesus — A Verdade suprema — ou de maneira que abre portas e janelas para o Diabo entrar. Cada vez que, em nome da verdade, estragamos a reputação de alguém, o que praticamos não é a justiça, mas a calúnia.

FUGIMOS DO PECADO SOB QUALQUER CIRCUNSTÂNCIA

A calúnia é vetada em qualquer situação, seja contra pessoas, seja contra empresas ou instituições. Ela é pecaminosa sempre. A ética do cristão não muda diante da circunstância. Lembra-se do novo Homem, Jesus Cristo, que vestimos em Alto Chamado? Pois então, agimos de acordo com os princípios dele em todas as situações.

Às vezes, acha-se justificável difamar empresas ou governos, e destratar seus representantes. Afinal de contas, não estamos lidando com as *pessoas*, mas com as instituições, certo? E instituições não têm sentimentos, nem moral, então posso tratá-las do jeito que eu quiser.

Há duas falácias nisso. Em primeiro lugar, suas atitudes não atingem somente o outro, elas também atingem você. Então, rasgar o verbo contra a atendente do seu provedor de internet — *ainda que seja uma atendente virtual* — irá definitivamente afetar seu coração.

Em segundo lugar, pessoas são pessoas ainda que representem instituições. Jesus, por exemplo, não trataria a vendedora da loja da Vivo como uma instituição, ainda que tenham errado na cobrança e debitado o valor da conta duas vezes. Ele lidava com as pessoas como pessoas. Ao denunciar a hipocrisia, ele não culpou o "sistema", mas censurou os fariseus e escribas que manipulavam o sistema. Quando falou sobre o pagamento de tributos, ele não se referiu ao "governo", mas especificamente a César (confira Lucas 20:20-26). De igual modo, ele não tratou os publicanos como um grupo de pessoas sem cara, mas conversou especificamente com Zaqueu, e jantou com ele (Lucas 19:1-9).

Infelizmente, a presente geração aprendeu a relativizar a humanidade do outro quando este fala em nome de uma empresa, governo ou até de uma igreja. Alguns não se sentem mal em insultar e derramar sua ira sobre o tal representante porque não pensam que estão ofendendo uma pessoa, mas uma instituição. Sem dúvida, a pessoa que veste a camisa de uma empresa a representa. Mas isso não a torna menos humana. Em contrapartida, desumanizar o outro é o que nos torna desumanos. O afastamento da proximidade física com as pessoas, a mediação de telefones, aplicativos e sistemas de gerência nos fez perder a noção do sangue que corre em nós e no outro. Agredimos o próximo, e consequentemente a nós mesmos, como se ambos fôssemos feitos de granito.

O relacionamento com o outro é a pedra de toque que Deus usa para avaliar nosso caráter. Quem não é capaz de amar o próximo, a quem vê, é incapaz de amar o Deus invisível (João 4:20). O problema está justamente aí: não temos mais visto o próximo. Aplicativos e ferramentas criados sob a prerrogativa de facilitar a vida acabam nos roubando de todo contato humano. Pedimos comida pelo aplicativo, marcamos consultas médicas pelo site, fazemos compras on-line, tudo sem o "incômodo" de lidar com pessoas de carne e osso. A própria oferta de cultos pela internet pode acabar virando mais um serviço oferecido pelo menu das conveniências digitais. Quer coisa melhor que louvar a Deus sem ouvir o irmão desafinando do seu lado? Ou poder pausar o pastor quando estiver a fim de ouvir outra coisa?

Devemos refletir o quanto essa conveniência tem nos desconectado de nossa humanidade. Pois, acostumado a lidar apenas com interfaces digitais, corremos o risco de nos comportar como animais quando temos de tratar um problema juntamente a um ser humano. A sociedade luta pela humanização do parto, do tratamento dado aos animais, mas não segue sua própria cartilha na hora de lidar com quem a ofendeu.

Ainda que você tenha sido lesado por alguma empresa, não é desabafando no Twitter que o problema será solucionado. Talvez até seja, mas calúnia contra instituições é calúnia de qualquer jeito. Fere seu coração e sua ética cristã. Tente resolver a situação diretamente com a empresa. Se não tiver sucesso, use então as vias legais. Se alguém perguntar sua opinião sobre o produto ou serviço que o desagradou, conte o que aconteceu, mas sem calúnia, sem difamação. Lembre-se que você carrega o manto de Jesus também nessas situações.

AGORA, SE O PROBLEMA FOR COM UMA PESSOA...

Em relação a pessoas que nos ofenderam, a Bíblia é muito mais categórica quanto ao que devemos fazer.

> Se o seu irmão pecar contra você, vá e, a sós com ele, mostre-lhe o erro. Se ele o ouvir, você ganhou seu irmão. Mas se ele não o ouvir, leve consigo mais um ou dois outros, de modo que "qualquer acusação seja confirmada pelo depoimento de duas ou três testemunhas". Se ele se recusar a ouvi-los, conte à igreja; e se ele se recusar a ouvir também a igreja, trate-o como pagão ou publicano (Mateus 18:15-17).

Existe um protocolo a ser seguido, com um novo passo a ser dado em caso de o anterior não ter funcionado. Não resolvemos intrigas com espadas e explosões de ira. Esta é a forma cristã — e civilizada, diga-se de passagem — de resolver intrigas:

1. Fale a sós com a pessoa e lhe mostre em que ela o ofendeu.
2. *Se* ela não o ouvir, *então* leve mais um ou dois irmãos com você — não como testemunhas, mas como uma delegação para convencer o outro quanto a seu erro.
3. *Se* ela não ouvir, *então* conte o caso à toda comunidade — não para fazer fofoca, e sim para que todos tentem ajudar a pessoa a ver seu erro.
4. *Se* ainda assim não der certo, *então* considere essa pessoa como alguém que ainda não foi revestida de Cristo. Como tratamos gente assim? Pregando-lhes o evangelho.

É certo que esse script se aplica, acima de tudo, a irmãos em Cristo. Mas esse processo estabelecido por Jesus nos ajuda a manter bem longe de nós o pecado e as tentativas demoníacas de nos fazer cair.

O ponto central desse processo de confronto é a palavra *chamar*. Quem você está chamando para dentro da situação? Tem de ser gente que o ajude a resolvê-la, e não pessoas que contribuam com lenha para a fogueira. Da mesma forma, em relação a conflitos de outras pessoas, você só pode dar sua opinião e intervir *se tiver sido chamado*. Nossa humanidade faz com que nós sintamos empatia por determinadas pessoas que estão em impasse, porém, isso não nos dá o direito de dar um pitaco ou, pior ainda, de divulgar a situação para o resto do mundo. Como falei, a ira é a emoção que viraliza mais rapidamente. Meter os pés pelas mãos, principalmente no problema dos outros, pode ter efeitos devastadores.[9]

E QUANDO A IRA SE JUSTIFICA?

É certo que há casos em que somos chamados para intervir em favor dos oprimidos e explorados. Quem nos chamou para essa briga foi o próprio Deus, por meio da sua Palavra (confira Provérbios 31:8-9). E a internet é uma excelente ferramenta para isso — se a utilizarmos do jeito certo.

Um excelente exemplo do poder mobilizador da net é a atividade da ONG Repórter Brasil. Desde sua fundação, em 2001, a Repórter Brasil se empenha em denunciar e interferir em situações de injustiça da sociedade brasileira, com ênfase especial na erradicação do trabalho escravo, que ainda existe no Brasil. Uma maneira que a ONG encontrou para denunciar tais injustiças foi a de conscientizar o público tanto a respeito da existência de trabalho escravo, como sobre quais empresas se beneficiam, mesmo que indiretamente, dessa prática. A denúncia é feita pelo site da ONG (reporterbrasil.org.br), e no caso específico da indústria da moda, pelo aplicativo Moda Livre. Esse aplicativo é atualizado periodicamente, e informa o usuário a respeito da posição de diversas marcas e cadeias de lojas nacionais quanto à utilização de mão de obra escrava na confecção de suas peças. A ideia é que o consumidor final — você e eu — tendo sido informados sobre o assunto, façamos nossas compras de modo consciente. Essa prática da Repórter Brasil é muito legal porque sai daquele eixo de denúncias e difamações que é tão comum no combate a violações de direitos humanos. Ela compartilha informações, recolhidas de modo profissional, por meio da atividade jornalística regulamentada, e deixa que as pessoas decidam como agir em relação ao assunto.

Além da Repórter Brasil, existem diversas iniciativas humanitárias internet afora, com o nobre propósito de denunciar a opressão e a tirania, e também de intervir em favor dos prejudicados. A Anistia Internacional é um exemplo desses grupos. O governo do Brasil também mantém um portal on-line — o Humaniza Redes — no qual recebe denúncias de abuso a direitos humanos cometidos tanto on-line como off-line.

Você pode usar seu perfil nas redes sociais para mobilizar seus contatos em favor de situações de injustiça. Perceba: *mobilizar*, e não viralizar a ira. Uma boa dica para a mobilização on-line nesse sentido é focar no oprimido, e não no opressor. Quando chamamos a atenção apenas às atrocidades, o que coletamos é a indignação dos outros. Porém, como vimos, a indignação não leva a resultados reais. Por outro lado, se o foco está no oprimido, conseguimos promover empatia. Essa emoção, embora menos viral que a ira, é muito mais eficaz. Em nossa própria história, foi a empatia de Deus por nós, tornando--se ser humano, que nos possibilitou a salvação, e não sua indignação contra nosso pecado. De igual modo, com empatia as vítimas da exploração podem ser libertadas.

PARA AFASTAR O DIABO DE UMA VEZ POR TODAS

Uma das maiores dicas que você pode aprender em Xôkapeta é que Satanás também é extremamente zeloso de sua glória (a glória que ele acha que tem). Assim, em vez de tentar resolver um conflito dando vazão à ira, correndo o risco de acumular mais tristezas, opte por uma saída mais leve: ria na cara do Diabo. Na abertura de *Cartas de um Diabo*, Lewis cita esta sugestão de Martinho Lutero: "A melhor forma de expulsar o Diabo, se ele não se render aos textos das Escrituras, é zombar dele e ridicularizá-lo, pois ele não suporta o desdém".

Como rimos de Satanás? Fazendo exatamente o contrário do que ele quer nos levar a fazer; ou seja, exaltando a Cristo em nossas reações. Portanto, considere o seguinte antes de sair soltando fogo pelas ventas (ih, essa expressão é velha, hein?):

- O que vou postar poderá ser considerado calúnia?
- A minha atitude viola o protocolo que Jesus estabeleceu para tratar irmãos que me ofenderam?
- Em toda essa situação, eu supus coisas a respeito de quem me ofendeu e julguei a essa pessoa impiedosamente? Se sim, estou disposto a me retratar?
- Eu fui chamado por Deus (ou por alguém) para expressar meu ponto de vista ou tomar alguma providência sobre essa situação?
- Quero denunciar determinada injustiça porque desejo alertar as pessoas sobre algo que também pode prejudicá-las, ou estou sendo movido por um desejo de vingança?

Em todas as situações, como representantes de Cristo, devemos ter o intuito maior de agir como pacificadores. É isso que nos tornará conhecidos como filhos de Deus (veja Mateus 5:9), mais do que procurar estabelecer a justiça com as nossas mãos e palavras. Nossa prioridade é honrar a Deus, e não compartilhar indignação, criando uma rede de ira, em vez de uma rede de justiça e paz. Ser cristão é procurar mais a honra do outro do que a nossa própria, ainda que esse outro seja alguém que nos insultou (veja Romanos 12:10). Por fim, se somos pressionados, abençoamos; se nos deixam perplexos, buscamos reconciliação; se somos perseguidos com palavras, perdoamos; se somos incitados a ira, nos desconectamos dela.[10]

Notas

[1] Este relato foi criado a partir do texto literário e comentários introdutórios de *Ilíada*, São Paulo: Companhia das Letras, 2013.

[2] LENDON, J. E. *Song of Wrath: The Peloponnesian War Begins*. Nova York: Basic Books, 2010, p. 9. Disponível em: <books.google.com.br/ books?id= nNk4DgAAQBAJ&printsec=frontcover&hl=pt-BR>. Acesso em: 13 jun. 2019.

[3] Ibidem, p. 12.

[4] TASKER, R. V. G. *Mateus: introdução e comentário*. São Paulo: Vida Nova, 1991, p. 159.

[5] LEWIS, C. S. *Cartas de um diabo a seu aprendiz*. Rio de Janeiro: Thomas Nelson Brasil, 2017, p. 156.

XÔKAPETA

[6] FOULKES, Francis. *Efésios: introdução e comentário*. São Paulo: Vida Nova, 2006, p. 110.

[7] No dia 28 de abril de 2010, foi marcada uma tarde de autógrafos com a banda teen Restart, em uma biblioteca da Grande São Paulo. Horas antes do evento começar, foram distribuídas 250 pulseirinhas para os primeiros fãs que chegaram — esse seria o número máximo de autógrafos dados naquele dia. No entanto, compareceram ao local muito mais fãs do que a produção esperava. Seguiu-se uma confusão que culminou no cancelamento da sessão de autógrafos, o que enfureceu pessoas que estavam no local desde a madrugada. A Folha Online estava no local para cobrir o evento, mas acabou registrando a frase icônica de um dos fãs revoltados com o cancelamento dos autógrafos: "Vou xingar muito no Twitter". A frase viralizou como meme, e ainda é usada em contextos de desabafo.

[8] REINKE, Tony. *12 ways your phone is changing you*. Wheaton: Crossway, 2017, p. 167.

[9] Ibidem, p. 165.

[10] Ibidem, p. 174.

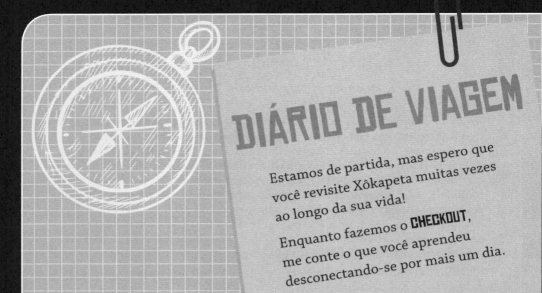

DIÁRIO DE VIAGEM

Estamos de partida, mas espero que você revisite Xôkapeta muitas vezes ao longo da sua vida!

Enquanto fazemos o **CHECKOUT**, me conte o que você aprendeu desconectando-se por mais um dia.

As pessoas que você segue nas redes sociais têm o costume de reclamar publicamente de desafetos? Você já se sentiu motivado a fazer isso?

Você tem o costume de ler ou assistir a vídeos de avaliações de produtos e serviços antes de comprá-los? Você mesmo já publicou algo nesse sentido?

Quando se sente desrespeitado por um mau atendimento, você costuma desabafar na net? Por outro lado, você tem a prática de elogiar publicamente, nos seus posts, empresas e funcionários que o trataram bem?

Você já se envolveu em alguma campanha on-line em favor de direitos humanos, ou de mobilização social? Qual é sua opinião sobre essas campanhas?

BOA ESCOLHA

Quarto posto

LEMA

"O que furtava não furte mais; antes trabalhe, fazendo algo de útil com as mãos, para que tenha o que repartir com quem estiver em necessidade" (Efésios 4:28)

Que tal a vista? É de tirar o fôlego, não? Dá para ver a Grécia inteira daqui! Talvez tenha sido isso que levou os deuses a escolherem esse monte para habitarem.

E, veja só, estão todos enfileirados ali na beirada, espiando lá embaixo. Não se preocupe, eles estão ocupados com outro assunto agora.

É que aconteceu um roubo no Olimpo esses dias. Foi uma coisa inédita: o ladrão conseguiu enganar o próprio Zeus. Entrou e saiu do monte sem ninguém ver, e olha que ele estava levando consigo algo que, bem, não dá para simplesmente colocar dentro do bolso e sair andando como se nada tivesse acontecido.

O ladrão roubou o fogo.

Sim, fogo. Fogo normal, de isqueiro, fogão, fósforo. Então, ele roubou o fogo porque o pessoal lá embaixo, na "terra" — e por "pessoal" me refiro aos seres humanos — eles, coitados, não tinham fogo. Não faço a menor ideia de como se viravam sem.

Bom, faz um tempo que esse ladrão se aproximou dos homens. Seu nome é Prometeu, significa "Aquele que pensa antes". Ou seja, um cara prevenido e previdente. Ele, na verdade, era um ser divino, morava aqui no Olimpo com a família; pai, mãe e três irmãos. Talvez fossem felizes, nunca sei se os deuses são felizes de verdade. Só sei que Zeus arrasou a família, prendeu o filho mais velho, matou o segundo. Foi quando Prometeu e o caçula fugiram para a terra. Esse irmão caçula, aliás, é um tonto. Tá no nome dele: Epimeteu, "Aquele que pensa depois".

Não sei se por vingança, ou se realmente queria ajudar a humanidade, Prometeu teve a ideia quase suicida de vir aqui e roubar o fogo. O fogo ficava escondido em algum lugar aqui no Olimpo, ninguém entende como Prometeu achou-o; menos ainda como passou despercebido por Zeus, carregando nada mais, nada menos, que uma tocha acesa.

Zeus ficou só um pouco bravo quando descobriu que havia sido roubado. Só um pouco.

Ele convocou os deuses para uma vingança. Pediu para Hefesto, o ferreiro escultor, fazer uma estátua de mulher em tamanho real. Ficou sensacional. Incumbiu a filha Atena de vesti-la e dotá-la de habilidades manuais. Diversas deusas trouxeram joias para adorná-la; Afrodite embelezou-a ainda mais. Então veio Hermes e, a pedido de Zeus, colocou nela mentiras, palavras sedutoras e um caráter fingido. Deve ter instalado algum aplicativo na estátua, ou espetado um pen drive com um malware. Mas essa nem é a pior parte. Enquanto construíam a estátua, foi feita uma vaquinha no Olimpo. O objetivo era arrecadar malefícios para a humanidade, e cada deus contribuiu com uma tragédia. Pegaram todos esses "presentes" e os puseram num jarro selado, que a mulher estátua tinha nas mãos. Deram, então, à mulher o nome de Pandora, "A que recebeu todos os dons". Dons uma ova!

Terminaram a estátua agora há pouco. Hermes levou-a para a terra, e eles estão esperando para ver o que acontece. Eu também estou curioso! Vamos lá ver?

Ah, não... Prometeu não estava em casa! Quem recebeu o carteiro foi o tonto do Epimeteu. Agora já é tarde... Pandora abriu seu jarro, e já esparramou tudo de ruim sobre os humanos: as doenças, o trabalho, os boletos de cobrança, os spams...

O que esses irmãos têm na cabeça? Um acha que vai roubar Zeus e sair ileso; o outro não desconfia de um presente que recebe sem qualquer motivo?

Vamos embora. Para os gregos, talvez já seja tarde demais. Nós, por outro lado, ainda podemos alcançar Boa Escolha e seguirmos um caminho melhor.[1]

Os gregos tinham opiniões bem antagônicas a respeito da função do trabalho na vida do homem.

De um lado temos o grande Aristóteles. Ele era do time dos "antitrabalho". O filósofo dizia que o trabalho não tinha utilidade em si mesmo. Como o objetivo supremo do homem deveria ser alcançar a felicidade, o trabalho era somente um meio para se chegar a este fim. "A felicidade parece depender do lazer; trabalhamos a fim de desfrutar do lazer, assim como guerreamos para desfrutar da paz", dizia ele.[2] Aristóteles chegava ao ponto de condenar todas as profissões mais pesadas, as que exigiam vigor físico. Para ele, essas coisas prejudicavam o corpo e a alma. Jogando no time de Aristóteles também estava Platão. Em seu conceito de sociedade ideal, descrita em *A República*, os artesãos e fazendeiros eram totalmente excluídos de qualquer participação política, por causa da natureza de sua ocupação.[3]

Toda essa visão negativa sobre o trabalho não ficava só na teoria, algumas cidades gregas a viviam na prática. Os habitantes da famosa cidade de Esparta jamais sujaram suas belas mãozinhas fazendo algum trabalho manual, e havia leis que os proibiam de fazer isso. Em Tebas — outra cidade da Grécia antiga, aliada de Esparta — qualquer um que comercializasse na ágora (a praça central da cidade) por dez anos consecutivos perderia sua cidadania. Essa lei maluca afetava principalmente artesãos e camponeses, gente que pegava no batente de verdade e que levava o produto de seu labor para ser vendido no principal ponto da cidade.[4]

O maior representante do outro time, da equipe "pró-trabalho", é Hesíodo, um pensador e escritor grego. Antes de ser pensador, Hesíodo era um camponês. Ele sabia na pele, e não apenas na teoria, os benefícios que vinham do trabalho. Para ele, ser trabalhador era garantia de amor e proteção dos deuses, respeito das outras pessoas e, se você tiver sorte, prosperidade.

Em seu livro *O trabalho e os dias*, ele se dirige a seu irmão, Perses, que aparentemente procurava enriquecer facilmente, roubando a parte da herança que pertencia a Hesíodo. Eles haviam chegado ao

BOA ESCOLHA   113

ponto de se enfrentarem num tribunal. Hesíodo foi muito paciente, exortando o irmão ao longo do livro, mas por fim ele diz: "Foi assim que agora vieste a mim; mas eu não te darei nada, nem emprestarei a mais. Trabalha, tolo Perses".[5]

Porém, ainda que Aristóteles veja o trabalho como prejudicial à saúde, e Hesíodo o considere vantajoso, os dois partem do princípio de que trabalhar é um mal necessário; trata-se de um peso que os deuses colocaram sobre os homens. Este é um dos argumentos de Hesíodo em *O trabalho e os dias*, quando reconta o mito de Prometeu e Pandora, e diz que o labor foi um dos males que atingiu sobre a humanidade por decisão de Zeus.

MAS TRABALHAR É TÃO RUIM ASSIM?

Até agora estamos considerando o trabalho a partir de uma ótica pagã, humana. Estamos vendo o que pessoas afetadas pelo pecado, tanto quanto você e eu, conseguiram concluir sobre o trabalho a partir de seus próprios pensamentos. Se quisermos compreender o *real* objetivo do trabalho, temos de buscar a revelação de Deus. E isso encontraremos nas páginas das Sagradas Escrituras, e não em relatos da mitologia grega.

A Bíblia ensina que foi Deus quem criou o trabalho, mas não o fez por vingança. Na verdade, ele mesmo trabalha (veja Gênesis 2:2-3; Isaías 64:4; João 5:17). Tendo criado os seres humanos à sua imagem, dotou essas criaturas com a maravilhosa capacidade de trabalhar, ou seja, de interferir positivamente na criação e serem eles mesmos criadores de muitas coisas novas. O trabalho, a princípio, não era pré-requisito para o homem se sustentar, pois o alimento era providenciado pelo Criador (conforme Gênesis 1:29-30; 2:15). Trabalhar seria o meio pelo qual a humanidade iria "dominar sobre os peixes do mar, sobre as aves do céu e sobre todos os animais que se movem pela terra" (Gênesis 1:28).

Como todo o resto, o trabalho também foi afetado pela tragédia que se seguiu ao bate-papo com a serpente. Naquele momento, Adão resolveu tomar conta da própria vida. Deus falou: "Ok, beleza, então você vai ficar responsável *por tudo*". Não sei se Adão pensou como aqueles marmanjos iludidos que querem ser independentes, mas sem sair da casa do papai e da mamãe, onde têm comida na mesa e roupa lavada. Se ele pensou assim, Deus cortou o barato logo de cara: "Não vou ficar bancando você no meu jardim. *Com o suor do seu rosto você comerá o seu pão*" (Gênesis 3:19).

Por causa disso, da rebeldia da humanidade, o trabalho traz sim inconvenientes e sofrimento. Mas ele não foi criado para este fim, e seu propósito pode ser resgatado em Boa Escolha. Revestido de Cristo, o ser humano pode operar em seu segmento profissional da maneira que o Senhor intentou, lá atrás, quando criou o trabalho.

Na ética cristã, o trabalho não é um anexo, algo que faz parte da periferia da fé. Ele é um tema tão central como a família ou o culto na igreja. Jesus fala diversas vezes sobre trabalhar. Muitas de suas parábolas mencionam trabalhadores. Ah, mais que isso: Jesus tinha uma profissão — era carpinteiro (Marcos 6:3). Os discípulos, por sua vez, também desempenhavam diferentes funções.

Entre os cristãos primitivos, o trabalho não era menosprezado. Sabemos que o apóstolo Paulo manteve sua profissão de fabricante de tendas (Atos 18:3) mesmo durante suas viagens missionárias, a fim de não ser peso a ninguém (veja 2Coríntios 11:9). Deste modo, não é nenhuma surpresa que suas cartas tragam orientações específicas sobre o trabalho na vida do cristão. Diferentemente dos pensadores gregos da sua época — e de muita gente hoje — Paulo não parte do princípio de que trabalhar é um mal necessário, ou que se trata de um meio para obter o que realmente se deseja. Ele sabe que há muito mais sentido nessa nobre tarefa que Deus compartilha com a humanidade. Isso faz do trabalho uma Boa Escolha, que começaremos a explorar imediatamente.

Essa Boa Escolha está dividia em quatro setores. Cada um corresponde a uma característica que o cristão deve considerar ao desempenhar sua profissão. Desconecte-se do que o mundo e a internet ensinam sobre trabalho, sustento e dinheiro, e venha conhecer o que Deus preparou para você viver nessa área.

SETOR 1: NÃO FURTE

A comunidade cristã do primeiro século era formada por todo tipo de gente. Como vimos, muitos escravos foram atraídos pela mensagem de igualdade e libertação e se converteram. Da mesma forma, ricos que ocupavam alta posição social, e também possuíam escravos ao seu serviço, também faziam parte da igreja. Independentemente de sua origem social e econômica, todas essas pessoas tiveram de abandonar seu antigo estilo de vida quando ouviram o evangelho e se renderam a ele. Todas, sem exceção, precisaram se despir de suas antigas práticas para se vestir do novo Homem, Cristo. Então, "Nessa nova vida já não há diferença entre grego e judeu, circunciso e incircunciso, bárbaro e cita, escravo e livre, mas Cristo é tudo e está em todos" (Colossenses 3:11).

Isso, é claro, não acontece num estalar de dedos. Como acontece conosco, trata-se de uma prática diária, de uma escolha cotidiana de abandonar o que era normal segundo os antigos padrões e acolher o que é divino. Portanto, todas as comunidades cristãs que encontramos nas Escrituras eram formadas por pecadores em tratamento: ex-idólatras, ex-adúlteros, ex-mentirosos. Havia também aquele pessoal que, anteriormente, tinha o hábito de ganhar a vida cometendo pequenos furtos. Cada um desses grupos recebeu, em determinado momento, uma palavra específica quanto ao que precisavam mudar em seu estilo de vida. Em relação aos últimos, os ladrões, Paulo ordenou: "O que furtava não furte mais".

"Nossa, mas precisava avisar uma coisa dessas?!"

Sim, precisava. Como vimos, a religião da qual os gentios vinham, cheia de ídolos e deuses perversos, confusos e imorais, não dava base para uma vida ética e decente. O que eles viviam não tinha nada a ver com suas práticas religiosas, e nem precisava ter. Sua religião não influenciava sua vida. O que impedia a sociedade grega de viver como animais eram regras sociais, e não uma moral religiosa.

Mas em Cristo, tudo isso muda. A prática do cristão, a sua vida diária é *totalmente* afetada pelas suas crenças. Ele não pode mais viver uma vida dupla: crente de domingo, gentio de segunda a sábado. Não se trata de uma mudança de religião. Trata-se muito mais de um transplante de pele. O convertido arranca de sobre si a pele de pecado e recebe a pele de Cristo. Então, aonde ele vai, vai com a cara de Cristo. Ele é Jesus no trabalho, na família, na faculdade, na internet.

Alertei anteriormente, em *Desconforme-se*, que o dualismo é uma das maiores mentiras da era pós-moderna em que vivemos, mas a qual ainda convence muitos crentes. Essa mentira diz que temos duas vidas, uma que pertence ao Senhor (a sagrada), e outra que pertence a mim (a secular). Na primeira vida estão as "coisas de Deus": igreja, Bíblia, cânticos, jejum, missões, culto etc. Essa vida funciona geralmente uma vez por semana, aos domingos, das 19 às 22 horas. Você também a encontrará aberta durante os retiros de carnaval.

A outra vida, a secular, governa o resto do tempo. Ela lidera as decisões sobre trabalho, amizade, família, relacionamento amoroso, estudos, comida, entretenimento e tudo mais. Segundo o dualismo, posso gerenciar essas áreas do jeito que eu quiser, porque Deus não se interessa por elas. Ele está mais preocupado com quantos capítulos eu li da Bíblia essa semana, e não em como me comporto nas redes sociais.

Esse pensamento é uma falácia porque, em primeiro lugar, retira Cristo do trono do universo. Ele diz, nas entrelinhas, que Jesus não é Senhor sobre *todas* as coisas, porque há áreas na vida das pessoas sobre as quais ele não tem autoridade. Por consequência, o dualismo também dá a ideia de que a salvação que Jesus conquistou para nós na cruz é apenas parcialmente eficaz. Ela só conseguiu salvar o que for "espiritual"; o que for "secular" está perdido para sempre. Viva, o pecado venceu.

Graças a Deus não é assim. A vitória de Cristo sobre o pecado é integral: nossa alma *e* nosso corpo foram redimidos. Dessa maneira, todo o uso que você fizer de sua alma e de seu corpo deve acontecer à luz da autoridade irrefutável e integral de Cristo sobre sua vida e sobre o cosmos. Se Jesus é Senhor não apenas do meu coração, mas também das minhas mãos, não posso fazer com elas nada que o desonre. Isso inclui me apropriar do que não é meu.

Mas o furto é um perigo real para o cristão?

Talvez você fique com a impressão de que essa coisa de furtar está muito distante da realidade do cristão. Que você pode deixar sossegadamente sua bolsa ou celular sobre o banco quando o culto acaba, e ir conversar com seus amigos, pois, quando voltar, suas coisas estarão lá. Por um lado, isso é verdade. Porém, quero alertar que o furto é mais comum do que imaginamos, mais sutil. Talvez você nunca tenha pegado coisas que pertencem a outras pessoas, e nem ninguém tenha furtado algo que pertence a você. Porém, nem tudo o que se furta é

BOA ESCOLHA

material. Considere o *tempo*. Será que temos nos apropriado do tempo que pertence a outros para usá-lo em nosso favor?

Uma pesquisa recente feita nos Estados Unidos considerou o uso do tempo de um funcionário norte-americano durante sua jornada de trabalho. Lá se trabalha, em média, oito horas por dia. É como no Brasil. Porém, pesquisas mostram que dessas oito horas, os norte-americanos gastam *três* fazendo coisas que não têm nada a ver com o trabalho deles. Em outras palavras: a empresa paga por oito horas de serviço, mas eles entregam, em média, apenas cinco.

É furto ou não é?

E com o que gastam esse tempo furtado? Vou deixar você adivinhar:

A. Socorrendo pessoas em perigo, porque são, na verdade, super--heróis disfarçados.
B. Buscando formas de erradicar a malária na Amazônia.
C. Navegando na internet.

A resposta certa é a... C! Como se você não soubesse desde o começo.

Das três horas desperdiçadas durante o horário de trabalho, 1 hora e 20 minutos é gasta *por dia* entre redes sociais, WhatsApp, e-mail particular, leitura de notícias aleatórias (exemplo real: "Por que Anitta, Lexa e Ludmilla não se dão com Pocahontas?") etc. Os outros minutos se dividem entre conversas com os colegas e (pasme!), busca por uma vaga de emprego. (Acho que essas pessoas já estão prevendo que logo, logo serão demitidas... Por que será?).

As pesquisas também mostram que essa taxa de desperdício de tempo é marca da nova geração. Funcionários que nasceram na década de 1970 usam indevidamente 1h36min do dia de trabalho (quase metade do índice atual), e os que nasceram na década de 1980 perdem aí 1h57min por dia.[6]

Os dados são dos Estados Unidos, mas talvez você concorde comigo que, se fizessem a mesma pesquisa no Brasil, o resultado não seria tããão diferente assim.

A distração excessiva é um dos efeitos colaterais da conexão. Ela não gera só problemas comportamentais. Ela pode estar levando você a cometer o pecado do furto ao se apropriar do que não é seu: o tempo que sua empresa lhe paga para trabalhar *para ela*.

É claro que existe uma margem de tolerância. Mas percebe como o furto está ao nosso alcance e é muito mais praticado do que você talvez imaginasse? Seja furto de posses, seja de tempo, esta é uma prática que não combina com pessoas revestidas de Cristo. Devemos nos desconectar desse costume, e adotar comportamentos mais conscientes e honestos em nosso ambiente de trabalho.

Organizar seu tempo é fundamental. É mordomia, é espiritualidade, é santidade. Deixe para entrar na internet depois que você tiver certeza que já cumpriu todas as suas tarefas de trabalho, escola e casa. Não inverta a ordem, pois isso pode gerar reprovação, demissão ou uma crise familiar. Eu, por exemplo, busco acessar a internet em casa somente quando não tenho nada mais importante. Prezo muito pelo tempo que preciso ter com meu filho e minha esposa, bem como para preparar minhas aulas e despachar minhas tarefas da mocidade.

Uma boa ideia para evitar o furto de tempo é monitorar onde você tem gastado suas horas. Há aplicativos de celular que calculam por minuto o quanto você usou de cada função do aparelho. Há também softwares que fazem o mesmo no computador, registrando o tempo médio que o usuário passa entre programas e sites da internet. As informações são precisas, e geralmente ficamos impressionados com o tanto de tempo que estamos perdendo e, talvez, até furtando: tempo que pertence por direito aos nossos empregadores, ao nosso estudo, à nossa família, à nossa igreja e, sobretudo, ao nosso Senhor.

Seja diligente. Faça com excelência tudo aquilo que Deus confiou em suas mãos. Não deixe a vida virtual lhe roubar esse privilégio.

SETOR 2: FAÇA ALGO DE ÚTIL COM AS MÃOS

Paulo sempre apresenta um *upgrade* de comportamento aos efésios. Por exemplo: aos mentirosos, ele não sugere apenas que fiquem quietos; exorta-os a falar a verdade. Aos ladrões, não basta não furtar mais. Sua sugestão é: trabalhem!

O trabalho é um uso mais nobre para as mãos — e para o tempo — do que o furto. É interessante que a palavra que Paulo utiliza, no grego,

BOA ESCOLHA

significa "trabalho vigoroso que produz fadiga". É justamente aquele tipo de trabalho que Aristóteles desprezou. O apóstolo, porém, entende que trabalho duro tem tudo a ver com o novo estilo de vida cristão.

Nos dias de hoje, não são todas as profissões que produzem fadiga física. Muitas geram uma fadiga mental. O que importa, no entanto, não é o tipo de cansaço, mas o empenho que o cristão deve ter em seu trabalho. Ele deve se esmerar ao máximo, fazendo até mais do que lhe pedem, porque "É a Cristo, o Senhor, que vocês estão servindo" (Colossenses 3:24b).

O princípio do trabalho duro está em não ficar enrolando, desviando o tempo que deveria ser dedicado a este propósito para fazer outras coisas. Porém, trabalhar como uma mosca morta também não é o que a Bíblia propõe. Infelizmente, a apatia e a imobilidade são marcas da atual juventude, e isso afeta aqueles que estão inseridos num ambiente de trabalho, causando prejuízos a si próprios e a quem estiver ao redor. Encontro jovens que parecem ter sido lobotomizados por uma cultura pop pasteurizada, manipulados por uma mídia perversa. Não pensam mais, acabam sendo uma caixa de reverberação de um mundo consumista. Na melhor das hipóteses reagem a estímulos. Com isso, a proatividade se torna uma habilidade em extinção. Situações desafiadoras são uma ótima oportunidade para aprender a agir, tomar decisões, fazer a diferença.

Penso que proatividade é uma palavra que tem de estar no currículo de todas as pessoas — as que não merecem o título deveriam se esforçar por alcançá-lo. Muita gente perde ótimas oportunidades de emprego, curso, faculdade e até de casamento por carecerem de proatividade. Acho muito triste quando alguém me diz: "Fiz tudo o que me mandaram". Quando ouço essa frase, só consigo me lembrar da seguinte parábola:

> Por fim veio o que tinha recebido um talento e disse: "Eu sabia que o senhor é um homem severo, que colhe onde não plantou e junta onde não semeou. Por isso, tive medo, saí e escondi o seu talento no chão. Veja, aqui está o que lhe pertence".
>
> O senhor respondeu: "Servo mau e negligente! Você sabia que eu colho onde não plantei e junto onde não semeei? Então você devia

ter confiado o meu dinheiro aos banqueiros, para que, quando eu voltasse, o recebesse de volta com juros. Tirem o talento dele e entreguem-no ao que tem dez. Pois a quem tem, mais será dado, e terá em grande quantidade. Mas a quem não tem, até o que tem lhe será tirado. E lancem fora o servo inútil, nas trevas, onde haverá choro e ranger de dentes" (Mateus 25:24-30).

Esse texto é o trecho final da parábola dos talentos. O último servo chamado a prestar contas ao seu senhor só fez aquilo que lhe foi mandado. Por isso, seu patrão o considerou inútil e o descartou. Tenho certeza de que esse não é desejo de Deus para a sua vida. Mas você tem de fazer sua parte no processo, que é "fazer algo de útil". Gastamos muito tempo com coisas inúteis. Perdemos horas montando um meme engraçado para compartilhar nas redes sociais, gastamos ainda mais tempo checando e comentando a vida dos outros. Isso é menos do que fazer o que foi mandado. O tempo que se gasta na rede rouba, de forma substancial, aquilo que deveria ser dedicado à realização de outras atividades. Quem age assim, fazendo só o que lhe pedem, ou menos, se torna indiligente, relaxado e preguiçoso. É isto o que tal pessoa pode esperar da vida:

As mãos preguiçosas empobrecem o homem, porém as mãos diligentes lhe trazem riqueza (Provérbios 10:4).

As mãos diligentes governarão, mas os preguiçosos acabarão escravos (Provérbios 12:24).

O preguiçoso deseja e nada consegue, mas os desejos do diligente são amplamente satisfeitos (Provérbios 13:4).

Como cristãos, não devemos nos envergonhar e nem temer o trabalho árduo. Enquanto nossas mãos estiverem ocupadas fazendo aquilo que é útil e bom, nossa mente não encontrará tempo para ficar divagando sobre coisas inúteis e más. A cura para o furto do tempo é usar o tempo trabalhando com afinco. Dessa forma, antecipe cenários, faça além do que lhe foi pedido.

A sedução do trabalho fácil

Acho importante frisar a importância do trabalho duro porque, no Brasil, falando de maneira generalizada, as pessoas têm buscado jeitos de ganhar dinheiro fácil. Como os gregos, muitos ainda pensam que trabalhar é um mal necessário, e o que importa é o dinheiro que recebem como salário. Pense por exemplo, em quantas pessoas você conhece que sonham em faturar na loteria ou receber uma grande herança para nunca mais terem de trabalhar?

São muitos os anúncios que encontramos, sobretudo na internet, para ganhar dinheiro fácil. Parecem uma mina de ouro, mas são verdadeiras roubadas.

Veja, por exemplo, a proposta de ganhar dinheiro respondendo a pesquisas on-line. Não é uma pegadinha: você realmente responde a pesquisas e ganha por isso. O problema está no fato de que você vai gastar de 30 minutos a 1h30min respondendo à pesquisa, e vai receber como pagamento a fortuna de R$ 10,00. Talvez isso pareça muito, e talvez você já esteja fazendo várias contas, pensando em quantas pesquisas pode responder por dia para ganhar um salário mínimo sem ter de sair de casa. Mas não é assim que funciona. Em média, recebe-se uma pesquisa por semana, e se a empresa perceber que você não atende aos requisitos do público que ela busca, você é descartado. Por fim, a única coisa fácil que conseguirá buscando por "dinheiro fácil" será perdê-lo.[7]

Devemos tomar cuidado com falsas promessas de dinheiro fácil. Elas são tentadoras, mas tenho convicção de que Deus não abençoa esse tipo de renda. A verdadeira bênção vem sobre aqueles que suam a camisa, não em busca de acumular dinheiro, mas de glorificar o Senhor com o trabalho. Assim, o cristão deve rejeitar qualquer possibilidade de ganho fácil, ainda que seja uma forma de "trabalho". O Senhor orientou como deveríamos trabalhar muito antes de a internet existir.

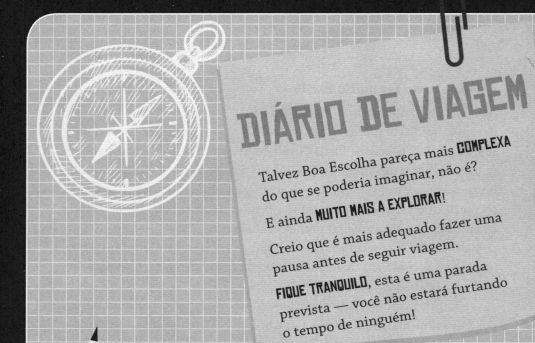

DIÁRIO DE VIAGEM

Talvez Boa Escolha pareça mais **COMPLEXA** do que se poderia imaginar, não é?

E ainda **MUITO MAIS A EXPLORAR!**

Creio que é mais adequado fazer uma pausa antes de seguir viagem.

FIQUE TRANQUILO, esta é uma parada prevista — você não estará furtando o tempo de ninguém!

Você já trabalha formalmente? O que levou você a escolher o ramo de atuação no qual se encontra hoje? Caso não trabalhe, qual profissão você gostaria de ter, e por quê?

Quais benefícios a sua profissão (ou futura profissão) oferece às pessoas, tanto aos seus clientes diretos como à comunidade local?

Em sua opinião, existe algo mais importante em um emprego do que o salário? O que poderia ser?

Quando você está trabalhando ou estudando, dedica-se de corpo e alma àquilo que faz? Existem coisas que o distraem? Como você poderia diminuir as distrações?

SETOR 3: TENHA O QUE REPARTIR

Se dependesse de mim, a orientação de Paulo aos ex-ladrões já poderia ter terminado no Setor 2. "Em vez de roubar, trabalhe." Já está de bom tamanho, não acha?

Mas Paulo vai além. Ele amplia o sentido da Boa Escolha que apresenta aos efésios.

Na verdade, o trabalho não é uma mera solução ao furto. O trabalho é uma justificativa para o que vem depois: trabalhe, fazendo algo de útil com as mãos, *para que tenha o que repartir*.

Uau! O objetivo do trabalho não é ter o meu próprio dinheiro para não ter de roubar o dos outros. O objetivo do meu trabalho é ter dinheiro para *repartir* com os outros. E não apenas o dinheiro. Repartirmos o conhecimento para enriquecer outros. Repartirmos habilidades com quem precisa dela para abençoá-las. Repartirmos o cuidado de Deus com o mundo por meio de nosso serviço bem-feito.

A motivação do cristão para levantar cedo todo dia, pegar trânsito, ralar muito e, no final do mês, receber um pagamento não é a de ter o suficiente para si e para os seus, de possuir mais conforto e luxo. Antes disso, ele é convidado a repartir o que possui e o que recebe. A filosofia cristã do trabalho está acima do que a cultura considera certo e correto no campo econômico. Receber o salário pelo trabalho que prestei é justo. O trabalhador é digno de seu salário, a Bíblia mesma diz isso (Lucas 10:7; Romanos 4:4; 1Timóteo 5:18) Na ética cristã, porém, o trabalho não cede espaço ao egoísmo e nem é motivo de lucro pessoal. Repartir é o que nos motiva, como filhos de Deus, a receber.[8]

Infelizmente, como os gregos, as pessoas consideram o trabalho como meio para um fim: receber dinheiro para gastar naquilo que quiserem. Isso diminui o propósito do trabalho para a vida da humanidade — espelhar o Deus Criador — e também a função do trabalho na vida do cristão — ter condições de exercer a generosidade.

Talvez sem nos darmos conta, estamos sucumbindo à pressão do materialismo e do consumismo, como o restante da nossa sociedade.

Adianto que consumir faz parte da vida. O objetivo do consumo é suprir as necessidades básicas do ser humano, tais como alimentação, saúde, moradia, locomoção, lazer e educação, entre outras. É tudo aquilo que a Declaração de Direitos Humanos defende como o mínimo de que você, como pessoa, carece para viver com qualidade e dignidade. Consumismo, por outro lado, seria a "doença" do consumo. É uma inflamação aguda de nossos desejos que nos leva à compra excessiva de coisas que, na verdade, não precisamos. Mas, como estamos doentes, achamos que não poderemos viver sem elas.

A internet é um dos maiores focos de consumismo do universo. Pois além de despertar em nós um desejo que estava quieto, também oferece trocentas opções de pagamento, parcelamento, frete grátis e todas as outras facilidades que induzem à compra. Nas redes sociais, encontramos o apelo. Nas páginas de busca, a concretização. Parece que tudo conspira para que você faça aquela compra agora mesmo.

Não podemos, contudo, crer na conspiração do universo. O que existe, na verdade, são mentes brilhantes tentando monetizar cada segundo que você passa on-line, procurando lhe empurrar algo que você não precisa, mas como está com 50% de desconto, frete grátis e ainda tem um cupom de R$ 10,00 na primeira compra, então por que não aproveitar?

O e-commerce é uma das poucas áreas da economia brasileira que não tem medo da crise, e cresce a cada ano. A projeção para 2019 é que sejam feitas 265 milhões de vendas on-line, ou seja, quase uma venda por brasileiro. Enquanto as plataformas digitais permitiram que muita gente ampliasse seu negócio próprio, alcançando mais pessoas do que seria possível com uma barraquinha na porta de casa, o e-commerce pode empregar armas pesadas para convencer os internautas, sempre que possível, a comprar mais e mais e mais. Há tutoriais sinistros que ensinam como vendedores on-line podem se valer de momentos de fraqueza de seu público-alvo para empurrar mais um produto goela abaixo.

Tudo isso é bastante sutil, atrativo, aliciador. Sem perceber, essa nuvem da compra facilitada, do cheiro de coisa nova vai nos levando para longe da vontade de Deus. Mais uma vez, somos enganados pela doença de nosso coração (veja Jeremias 17:9), e sucumbimos à tentação de ter mais do que não preciso em vez de repartir o que já possuo.

Nem só de promoções vive o consumismo

Na verdade, há mais coisas que governam o nosso consumismo do que o comércio on-line. Todos nós, humanos, temos fome, sede e necessidade de coisas eternas, mas canalizamos nossa atenção e nosso dinheiro na tentativa de saciar nossos desejos mais profundos com bens materiais.

> Terapia de compras é uma falácia. Encomendamos caixas de novos produtos que jamais nos trarão cura, e compramos sacos de alimentos que jamais nos trarão consolo. Tudo porque estamos cegos às dádivas gratuitas de Deus, oferecidas em seu filho, Jesus Cristo, cujo corpo e sangue foram dados por nós a fim de sustentar nossa vida eterna e alimentar o crescimento de uma felicidade inesgotável.[9]

Esquecemo-nos que, em Alto Chamado, recebemos "todas as bênçãos espirituais nas regiões celestiais em Cristo" (Efésios 1:3). Tais bênçãos nos conduzem naturalmente à Boa Escolha de repartir o fruto de nosso trabalho, porque não existe nada que possamos comprar na Amazon que aumente a satisfação que já temos em Jesus.

Só Jesus é capaz de saciar a sede que o consumismo aumenta em vez de extinguir. Só em Cristo você pode encontrar contentamento que o leva a repartir sem medo de ficar sem. "O evangelho do consumismo diz: tudo o que você poderia imaginar para sua felicidade e conforto terrenos está disponível em diversas opções, tamanhos, cores e faixa de preço. O evangelho de Jesus Cristo diz: tudo o que você poderia imaginar para sua felicidade suprema e conforto eterno é agora invisível aos olhos humanos",[10] mas já lhe pertence em Jesus.

A maneira mais segura de não sucumbir ao tsunami de promoções enquanto você navega pela internet é, creio eu, ser criterioso com o que seus olhos veem. Já dizia o ditado que o que os olhos não veem, o coração não sente. Sendo assim, evite se cadastrar para receber newsletter de lojas on-line. Descadastre-se das que você já recebe. Da mesma forma, reavalie os perfis que você tem seguido. Eles o induzem a desejar coisas? Eles levam você a cobiçar novos produtos, serviços, experiências? Se sim, pondere se são o tipo de influência que o levará para mais perto de Jesus.

BOA ESCOLHA

Além disso, é de extrema importância que você mantenha um controle de seu fluxo financeiro. Saber o quanto entra e quanto sai de seu bolso é útil para refrear compras desnecessárias. Isso também o ajuda a averiguar o quanto do que você recebeu está sendo repartido com outras pessoas. Nesse ponto, a tecnologia pode ser muito benéfica. Há muitos aplicativos de finanças pessoais, bem como diversos canais no YouTube com dicas para se organizar nesse sentido. Em vez de gastar tempo flertando com a tentação de comprar mais uma coisa, eduque-se financeiramente para ser um melhor mordomo dos recursos que o Senhor confiou em suas mãos.

SETOR 4: REPARTA COM QUEM ESTIVER EM NECESSIDADE

Por fim, chegamos ao ponto extremo de Boa Escolha. Ela começou com o abandono de uma atitude ruim — o furto — e foi evoluindo para atitudes boas. Primeiro, o trabalho; depois, o trabalho com o objetivo de repartir; por último repartir com quem estiver em necessidade.

Se Paulo tivesse parado no "tenha o que repartir", talvez iríamos na direção de buscar o que é oportuno para nós. Por exemplo, eu poderia pensar em comprar um videogame para repartir com o meu filho, #sqn. Ou então, iria repartir meus recursos apenas com quem tem condições de retribuir o favor prestado. Mas é claro que Paulo fecha o cerco. Não se trata de uma escolha qualquer, é a Boa Escolha! O objetivo do trabalho para o cristão, além de glorificar a Deus com as habilidades recebidas do céu, é também ajudar o necessitado.

A questão do socorro ao necessitado é central no cristianismo. Podemos perceber a importância que dar aos pobres tinha para Jesus, bem como para seus discípulos. Eles tanto ensinaram isso como viveram dessa forma, apesar de seus recursos terem sido bastante limitados (veja Mateus 19:21, Lucas 14:13, João 13:29).[11]

O cuidado com os pobres é uma das marcas do verdadeiro cristão (confira Gálatas 2:10). Todo aquele que se revestiu de Cristo será ativo na ajuda ao necessitado, assim como Jesus se compadeceu de nós em nossa miséria e se fez pobre em nosso favor. A nossa própria fé será julgada não em relação a quantos versículos sabemos de cor, nem a quantos cultos participamos, mas se estendemos a mão ao pobre, ao refugiado, ao enfermo e ao encarcerado (Mateus 25:44-46).[12]

No entanto, não há pobres na internet. Ninguém interrompe sua conversa no WhatsApp dizendo: "Moço, eu poderia estar roubando, mas estou aqui...". Muito pelo contrário: a julgar pelas fotos, todo mundo na net é muito bem de vida — menos eu! O glamour das redes sociais nos cega e engana. Achamos que nós é que somos pobres por não termos condições de comprar isso ou aquilo, de fazer mais uma viagem internacional ou de comer num restaurante badalado.

O problema é que, nas redes sociais, eu não me comparo com o resto do mundo, mas somente com as pessoas que admiro e, de alguma forma ou outra, invejo. Não falo de inveja cega, mas aquele pensamento de "Eu queria ter uma vida dessas". Sempre cercado por pessoas que vivem num nível acima do nosso (e totalmente ignorantes quanto ao fato de que isso nem sempre é a verdade), esquecemo-nos dos milhares que estão vários níveis abaixo de nós em termos de condições financeiras e sociais.

A internet nos distrai da dura realidade profetizada por Cristo de que "os pobres vocês sempre terão consigo" (João 12:8). A vida digital pode nos tornar insensíveis às necessidades de gente que está ao nosso redor. Embora me conecte com pessoas bem diferentes de mim, a internet me retira do desconforto de ter de lidar com a pobreza no mundo. Não é só uma questão de vê-la, porque posso ver fotos terríveis que retratam a miséria. Estamos nos poupando de sentir a miséria do outro com o nariz, com as mãos, com os ouvidos. Uma coisa é ver a foto, outra é ter de olhar nos olhos do menino de rua, do pedinte no farol, do mendigo na calçada.

A vida on-line também nos anestesia quanto ao valor real das coisas. O luxo corre solto nas redes sociais, e perdemos a noção de quanto realmente vale um tênis ou uma camiseta. Enquanto a juventude da década de 1960 promoveu a revolução sexual, pregando o sexo livre, a atual geração tem promovido a revolução do luxo: "Não importa o quanto custa — nem importa se realmente vale o quanto pedem. Se quero, vou comprar".[13] Os valores obscenos que se pagam a estrelas de cinema e futebol nos desconectam da realidade que quase metade da população mundial — 3,4 bilhões de pessoas — vive abaixo da linha da pobreza, ou seja, com menos de 3,20 dólares por dia.[14] No Brasil, são 54,8 milhões de brasileiros que estão abaixo da linha da pobreza, ou seja, 1/4 da população nacional.[15]

Tudo isso precisa nos despertar para a realidade de que o mundo não é um desfile de sapatos novos e celulares brilhantes, mas um lugar de sofrimento e miséria para muitos. E nós, revestidos de Cristo, fomos chamados a sermos sal e luz nesse mundo de trevas. Fomos convocados a aliviar a dor do nosso próximo, e podemos fazer isso a partir de nosso trabalho.

Como ferramenta, a internet pode ser útil para nos desconectar do luxo e do glamour e nos conectar de volta à realidade dos necessitados. Você pode se informar sobre ONGs que atuam em sua cidade e se filiar como voluntário. Também é possível patrocinar vaquinhas on-line para arrecadar fundos a projetos de promoção e emancipação social.

Nas redes sociais, procure por perfis que o inspirem a fazer diferença em sua comunidade. Talvez haja perfis de ONGs locais, que você pode seguir e ser informado de campanhas e ações futuras. Busque pessoas que o inspirem a repartir graça, e não a acumular luxo.

No entanto, não se acomode com as conveniências digitais. É mais fácil se envolver com o necessitado pela internet em vez de estar com ele pessoalmente. Embora a tecnologia seja de grande ajuda para levantar fundos e compartilhar necessidades, nada substituirá sua presença. Nenhum aplicativo consegue se passar pelas mãos ou pelos pés de Jesus. Apenas nossa presença física poderá comunicar apropriadamente o amor de Jesus pelo outro.

NOVAS FORMAS DE TRABALHO NA INTERNET

Gostaria de encerrar nossa visita a Boa Escolha refletindo um pouco a respeito do quanto a tecnologia tem mudado a maneira de as pessoas trabalharem. Hoje, muitos oferecem serviço remoto, trabalhando a partir de sua casa. Além disso, surgiram novos tipos de profissão totalmente relacionados à internet, como os blogueiros e influenciadores digitais, mais presentes no Instagram e no YouTube. Esta última é um ramo especialmente rentável.

Enquanto os blogueiros se especializam em postar sobre determinados assuntos, gerando conteúdo, os influenciadores funcionam como "vitrine" para empresas e marcas. Eles não são celebridades no tradicional da palavra — não são artistas, nem modelos, nem atores de TV ou cinema — mas possuem mais de 100 mil seguidores nas redes sociais. O fato de serem "gente como a gente" dá bastante peso às suas opiniões, principalmente em relação ao consumo. "Um ar de autenticidade diferencia influenciadores de celebridades das mídias tradicionais, que frequentemente oferecem ao público fantasias cuidadosamente elaboradas que contrastam fortemente com as experiências das vidas de pessoas 'reais.'"[16]

Hoje, 74% dos consumidores brasileiros consultam suas redes sociais antes de realizar uma compra. Querem saber se determinado produto é realmente bom, se vale a pena comprá-lo. Geralmente acabam lendo o *review* de um blog, um post no Instagram ou assistindo a um *unboxing*.[17] Com base nisso, 84% dos consumidores tomam a decisão de adquirir ou não o que estavam planejando comprar.[18]

Essa prática de compartilhar honestamente as opiniões pessoais em relação a um produto começou como um serviço de utilidade pública na internet. Mas quando as empresas viram o potencial que isso tinha para aumentar suas vendas, começaram a investir no que é chamado de "conteúdo patrocinado". Ou seja: determinada empresa ou marca manda ao influenciador um produto para que ele faça um post ou uma foto utilizando-o. Em alguns casos, o influenciador ganha, além do produto, um pagamento pela propaganda que fez. Pode parecer pouco, mas os grandes influenciadores digitais no Brasil chegam a faturar entre R$ 50 mil a R$ 150 mil por campanha no YouTube ou Instagram, segundo a revista Forbes.[19]

Se você é bem conectado, acredito que já está por dentro dessa realidade. Talvez até seja um influenciador, ou esteja considerando se tornar um. Se esse tipo de trabalho irá honrar as habilidades que Deus lhe deu e glorificá-lo, cabe a você decidir. Minha intenção é lembrá-lo de princípios que não podem ser abandonados, seja numa carreira digital, seja num trabalho convencional.

Trabalhe duro

Não se deixe seduzir pela aparência de vida perfeita dos influenciadores ou de profissionais de outros ramos. Às vezes olhamos somente para os benefícios que os outros colhem e pensamos que se trata de sorte. Cada caso é único, mas geralmente, o que traz a prosperidade é o trabalho duro: "Todo trabalho árduo traz proveito, mas o só falar leva à pobreza" (Provérbios 14:23). Se você quer ser um bom influenciador

BOA ESCOLHA

digital, trabalhe duro. Dedique-se, especialize-se no que for necessário e não desanime. Ouvi certa vez a história de um funcionário que recebeu um carro de presente da empresa, como recompensa por seus muitos anos de serviço. Um estagiário, que havia começado a trabalhar naqueles dias, disse ao funcionário mais velho: "Que sorte, hein? Queria eu ganhar um carro". O outro funcionário lhe respondeu: "Jovem, você quer começar por onde estou terminando?".

O ponto é que carreiras bem construídas, pavimentadas com dedicação, podem sim levar a um bom padrão de vida. Contudo, não podemos ter a ilusão de que aquilo foi construído da noite para o dia. Se o sucesso de alguém nos inspira, temos então de nos dedicar a trilhar os mesmos passos, os quais geralmente envolvem trabalhar com afinco.

Use seu poder de influência com sabedoria

Ser referencial dá às pessoas uma qualidade de poder que poucos possuem. Já dizia o saudoso tio Ben: "Com grandes poderes vêm grandes responsabilidades". Se as palavras do tio do Homem-Aranha não valem muito para você, talvez Jesus o convença: "A quem muito foi dado, muito será exigido; e a quem muito foi confiado, muito mais será pedido" (Lucas 12:48).

Em uma posição de influência, não são apenas as opiniões sobre o produto X ou Y que contam. *Tudo conta*! Sim, os seguidores querem saber tudo a respeito da vida do influenciador porque o admiram e querem, na medida do possível, ser como ele.

Isso pode gerar muita vaidade, por isso, é preciso buscar a sabedoria do alto para não se perder, como já vimos acontecer diversas vezes com pessoas que alcançam fama e sucesso. Estabeleça valores primordiais, e não os negocie por nada. Busque o conselho de quem já está no ramo há mais tempo e não pense que você é blindado. Lembre-se de que tudo de que Satanás precisa é só uma frestinha, uma portinha aberta para atacar e devorá-lo.

Escolha bem seus associados

A Palavra de Deus está recheada de conselhos a respeito de amizades e associações. Devemos ser prudentes na hora de escolher quem vai andar ao nosso lado. Quando se está começando um negócio, pode-se sucumbir à pressão de aceitar qualquer oferta. Mas como filho de Deus, você não é qualquer um. Os valores daquela empresa ou daquela pessoa que lhe propôs um negócio condizem com seus valores como cristão? Não é o caso de fazer negócios apenas com crentes, mas de não se meter em situações que vão lhe trazer dilemas e dificuldades mais adiante. Lembre-se de que, como influenciador, você será visto como apoiador daquilo que está anunciando. E se você descobrir, mais para frente, que se trata de uma marca fraudulenta? Veja com cuidado onde pisa. Sua aliança maior com Deus não pode ser prejudicada por negócios.

Separe o dia do descanso

Nós, cristãos, separamos o domingo como dia de culto a Deus. No entanto, o propósito do dia do descanso não é meramente espiritual, no sentido de ir à igreja em vez de trabalhar. Em primeiro lugar, ele foi instituído pelo próprio Criador quando finalizou sua obra (veja Gênesis 2:2-3). Trata-se de um dia santificado, *separado* dos demais dias. No dia do descanso, declaramos indiretamente que o nosso sustento não vem de nosso trabalho, mas do Provedor. Por isso, podemos dedicar nossas horas ao repouso e ao louvor de Deus, que nos sustenta.

A internet não possui calendário nem relógio. Todo dia é dia, e toda hora é hora. Se você não estabelecer o ritmo de seu trabalho e separar o dia do descanso, batata: você muito provavelmente irá trabalhar o tempo todo, sem respeitar os limites físicos do seu corpo, nem os limites espirituais da sua fé. Trabalhar duro não significa trabalhar o tempo todo.

Dê o dízimo

Dedicar a Deus cada centavo que está em nosso bolso é reconhecer que aquilo só está ali porque ele nos deu vida, trabalho, saúde, inteligência e tudo mais que é preciso para se trabalhar. Ele, em sua graça, permite que usufruamos do muito que ele nos dá; o próprio fato de poder aproveitar do fruto do trabalho é bênção de Deus, como escreveu Salomão: "E quando Deus concede riquezas e bens a alguém, e o capacita a desfrutá-los, a aceitar a sua sorte e a ser feliz em seu trabalho, isso é um presente de Deus" (Eclesiastes 5:19).

Porém, não devemos achar em momento algum que temos direito a usar o dinheiro que ganhamos, ou os bens que compramos, da maneira que desejarmos, porque são fruto do nosso suor. Tanto um como outro são bênçãos de Deus, e devem ser usados de acordo com os planos dele.

Notas

[1] Este relato foi criado a partir do texto literário e comentários introdutórios de *Os trabalhos e os dias*. Edição, tradução, introdução e notas de Alessandro Rolim de Moura. Curitiba: Segesta, 2012. Disponível em: <www.segestaeditora.com.br/download/ostrabalhoseosdias.pdf>. Acesso em: 18 jul. 2019.

[2] BALME, Maurice. "Attitudes to Work and Leisure in Ancient Greece". *Greece & Rome*, v. 31, n. 2, 1984, p. 140. Disponível em: <www.jstor.org/stable/642580>. Acesso em: 13 jun. 2019.

[3] Ibidem, p. 140-141.

[4] Ibidem.

[5] HESÍODO. *Os trabalhos e os dias*. Curitiba: Segesta, 2012, p. 103.

[6] HERMAN, Lily. "How Much Time Do We Waste at Work? (Hint: It's Scary)". Disponível em: <www.themuse.com/advice/how-much-time-do-we-waste-at-work- hint-its-scary>. Acesso em: 9 jul. 2019.

[7] GONÇALVES, Vinicius. "Como ganhar dinheiro fácil: 5 promessas mais comuns e 8 formas que funcionam". Disponível em: <novonegocio.com.br/empreendedorismo/ganhar-dinheiro-facil/>. Acesso em: 10 jul. 2019.

[8] FOULKES, Francis. *Efésios: introdução e comentário*. São Paulo: Vida Nova p. 112.

[9] REINKE, Tony. *12 ways your phone is changing you*. Wheaton: Crossway, 2017 p. 140-141.

[10] Ibidem, p. 141.

[11] FOULKES, Francis. *Efésios: introdução e comentário*. São Paulo: Vida Nova, p. 112.

[12] KELLER, Timothy. *Gálatas para você*. São Paulo: Vida Nova, 2015, p. 48.

[13] KELLER, Timothy. *Deuses falsos*. Rio de Janeiro: Thomas Nelson, 2010, p. 60-61.

[14] NAÇÕES UNIDAS DO BRASIL. "Banco Mundial: quase metade da população global vive abaixo da linha da pobreza". Disponível em: <nacoesunidas.org/banco-mundialquase-metade-da-populacao-global-vive-abaixo-da-linha-da-pobreza/>. Acesso em: 10 jul. 2019.

[15] NEVES, Vitor. "Brasil tem 55 milhões de pessoas abaixo da linha da pobreza". Disponível em: <jornal.usp.br/atualidades/brasil-tem-55-milhoes-de-pessoas-abaixo-da-linha-da-pobreza/>. Acesso em: 10 jul. 2019.

[16] FÁBIO, André Cabette Fábio. "Os influenciadores digitais e a indefinição ética nesse mercado". Disponível em: <www.nexojornal.com.br/expresso/2019/02/01/Os-influenciadores-digitais-e-a-indefini%C3%A7%C3%A3o-%C3%A9tica-nesse-mercado>. Acesso em: 9 jul. 2019.

[17] Nos vídeos de unboxing, o youtuber abre, diante da câmera, o produto que acabou de comprar e compartilha com o internauta suas primeiras impressões. Em alguns casos, o youtuber reconta meses depois como tem sido sua experiência com aquele produto.

[18] DINO. *Carreira de Digital Influencer ganha força no Brasil, principalmente em Alagoas*. Disponível em: <https://www.terra.com.br/noticias/dino/carreira-de-digital-influencer-ganha-forca-no-brasil-principalmente-em-alagoas,96a5256c31e68f16c701320af529c2610zotzh3d.html>. Acesso em: 9 jul. 2019.

[19] Ibidem.

DIÁRIO DE VIAGEM

Pronto para **SEGUIR VIAGEM**?

Acredito que Boa Escolha lhe deu muito material para pensar a respeito.

Suba no ônibus, e **REFLITA** sobre seu **TRABALHO** e seu **DINHEIRO** enquanto nos dirigimos para o próximo posto.

Existe algum influenciador digital de quem você é fã (pelo menos um pouquinho)? O que mais lhe atrai no estilo dessa pessoa?

Você já comprou (ou teve vontade de comprar) algum produto oferecido num post patrocinado? Você teria comprado (ou desejado) aquilo se não fosse pelo post?

Você está ativamente envolvido em iniciativa de ajuda a pessoas menos favorecidas? Há pessoas ou instituições que o inspiram a se envolver mais? Quais são?

Das últimas cinco dicas sobre trabalho — trabalhe duro; use seu poder de influência com sabedoria; escolha bem seus associados; separe o dia do descanso; dê o dízimo — qual lhe parece mais difícil de seguir? Você acredita que seria capaz de seguir todas elas trabalhando numa profissão exclusivamente on-line?

SANTA LÍNGUA

Quinto posto

LEMA

"Nenhuma palavra torpe saia da boca
de vocês, mas apenas a que for útil para
edificar os outros conforme a necessidade,
para que conceda graça aos que a ouvem"
(Efésios 4:29).

Cá estamos, num outro teatro. Esse é bem menor que o de Éfeso. Cabem 17 mil espectadores aqui. Talvez você esteja com a impressão de que, por estarmos em Atenas, o teatro deveria ser bem maior. Na verdade, ele só existe por causa daquele prediozinho de pedra atrás do palco. Consegue ver? É bem pequenininho. Bom, aquele lugar é o Templo de Dionísio, o que faz deste o Teatro de Dionísio.

Dionísio é um dos deuses que os gregos adoram. Ele está associado à natureza e à performance — acredita-se que ele tem conhecimentos secretos para manipular as coisas da natureza a fim de produzir vinho e "alucinógenos" que os artistas e místicos usam em suas apresentações. É por isso que o templo de Dionísio tem como anexo um teatro, e que o culto a ele envolva performances teatrais e literárias — assim como o culto à Diana envolve a prática de sexo, por ser ela a deusa da fertilidade. Percebe a relação entre os deuses e o cotidiano dos gregos?

Tanto o teatro como o templo só funcionam na época das festividades de culto a Dionísio, que acontecem em janeiro e março. As festas de janeiro são locais, as de março são internacionais. Aliás, que dia é hoje? Estou tão desconectado que perdi a noção do tempo.

As duas festividades têm um concurso de teatro, com prêmios para os melhores dramaturgos. Em março, as peças são mais do estilo da tragédia, e em janeiro, o pessoal apresenta mais peças de comédia.[1]

Um dos gênios da comédia da casa é o Aristófanes. Ele é aqui de Atenas, e já ganhou o concurso de janeiro seis vezes. No seu ano de estreia, ele já tirou o segundo lugar. Ele é bom, faz o pessoal cair na gargalhada, mas não é com aquele humor pastelão de sessão da tarde. Todas as peças dele fazem uma crítica social. E ele ataca todo mundo: chefes políticos, juízes, militares, poetas trágicos, poetas cômicos, filósofos, o povo, os velhos, os jovens, as mulheres... Ninguém escapa. Todo mundo ri, mas todo mundo é alfinetado. É claro que isso não sai de graça. Fiquei sabendo que, esses dias, um político aqui de Atenas abriu outro processo contra Aristófanes por que ele o satirizou declaradamente na sua última peça. É a segunda vez que Cleon o processa; da primeira vez não deu em nada. Vamos ver nessa.[2]

Certo ou errado, o fato é que Aristófanes pega mesmo pesado nas peças. Ao mesmo tempo em que é cult com sua crítica social, ele é escrachado no humor. Ele abusa de referências à sexualidade e a excrementos. Sim, excrementos: cocô, xixi, essas coisas. Ele usa esses temas nas falas, mas também na caracterização dos personagens, deixando tudo muito grotesco e exagerado.

A plateia se diverte com essas representações ridículas, mas isso não faz parte do dia a dia deles. Essa linguagem desbocada só é comum nos dias de festa, que se parecem muito com o carnaval.[3] Tem muita libertinagem, rola muita bebida, e isso deixa as pessoas mais propensas a dizer bobagens, e também a ouvi-las (e vê-las!) em público. Na festa, tudo é permitido.[4] Nos dias normais, há regras e convenções sociais que regulam o linguajar das pessoas.

Mas já pensou se as pessoas vivessem o tempo todo num ambiente em que se sentissem livres, sem monitoração? Onde elas pudessem usar as palavras que quisessem, sem censuras, sem nem mesmo se identificarem? Onde a obscenidade, maldade, o desprezo, preconceito, a luxúria, humilhação fossem transmitidos livremente, sem se importar em ofender alguém?

Este seria um lugar terrível, mas algo me diz que ele é real, e que você o conhece muito bem. Num lugar como esse, condutas éticas não seriam suficientes para regular as pessoas. Era preciso haver uma transformação de palavras torpes para Sta. Língua.

A maioria das línguas do mundo possui um conjunto de palavras considerado obsceno, ou seja, palavras que devem ser evitadas por ferirem o pudor, por serem impuras. Há alguns dialetos "sortudos" em que isso não acontece. Estudiosos relatam que alguns povos indígenas nas Américas e na África, bem como os polinésios e os japoneses xingam bem pouco ou praticamente nada por não terem essa categoria de palavras.[5]

Certamente não é o caso do português, como não era o caso do grego ou do latim. Esses três idiomas têm à sua disposição alguns termos bem "sem-educação" para falar de sexualidade ou de funções do sistema excretor humano. Entre os gregos e romanos, povos que cultivavam um grande apreço pela arte de falar bem, havia alguns códigos de comunicação, mais ou menos como temos nos dias de hoje, que tentavam controlar o uso dessas palavras. Cícero, um famoso pensador e orador romano, dizia que, certas palavras, "ninguém poderia tolerar", e as pessoas deveriam ser incapazes até mesmo de reproduzi-las![6] Os autores gregos eram da mesma opinião, falando que alguns termos deveriam ser evitados, e que, caso escapassem, a pessoa deveria pedir desculpas por tê-los dito.[7] Tomava-se cuidado com palavras inadequadas até mesmo na prática da medicina, especialmente na hora de nomear as partes íntimas do corpo. Os médicos romanos usavam o vocabulário grego para dizer-sem-ter-de-dizer o nome de determinados órgãos. Os gregos, coitados, não tinham outro idioma ao qual recorrer, então usavam as palavras que tinham à mão, mas mantendo a mesma discrição.[8]

Descobrir o que é apropriado ou não em outro idioma faz parte do processo de aprendizado de uma língua. Ouvi, certa vez, o caso de um missionário norte-americano que estava aprendendo português para ministrar no Brasil. Uma de suas aulas — que aconteceu com portas e janelas fechadas — foi sobre a lista de palavrões e termos pejorativos mais comuns da nossa língua. Ele precisava saber disso para não cometer uma gafe no púlpito!

Nas instruções de Paulo aos efésios sobre o viver santo, ele também inclui esse aspecto importante da comunicação: "Nenhuma palavra torpe saia da boca de vocês" (Efésios 4:29). Será que ele estava apenas reafirmando o óbvio, o que a cultura grega já sabia e ensinava, ou haveria algo a mais que ele esperava de seus irmãos efésios?

O QUE SÃO PALAVRAS TORPES?

É muito comum usar esse versículo para ensinar que crente não pode falar palavrão. Nessa lógica, "palavras torpes" seriam "palavras de baixo calão".

Esse é um ponto. Realmente não combina com Sta. Língua usar expressões chulas. Palavrões quase sempre têm conotação sexual, e todos eles degradam, de alguma forma, a dignidade humana. Mas ao exortar os irmãos à vida em Sta. Língua, Paulo vai além de proibir o uso de palavrões. Como vimos, os gregos também possuíam um código em relação ao que era aceitável em termos de linguajar. Porém, o que Deus está estabelecendo para o seu povo, por meio de seu apóstolo, não é um mero código de conduta.

> Enquanto outros declararam que a fala torpe não era adequada "para homens livres" (Aristóteles) ou "para gente séria' (Plínio e Cícero) ou "para homens sábios" (Epiteto e Apuleio) ou "para uma comunidade bem-regida" (Platão), para Efésios era a *santidade* da congregação que tornava a conversa lasciva inapropriada.[9]

A palavra "torpe", em grego, significa "podre". É a conversa que, além de não ter valor em si, leva os outros a pensarem em coisas que também não têm valor algum.[10] Jesus usa esse mesmo termo num contexto parecido, também ensinando sobre palavras:

> Considerem: Uma árvore boa dá fruto bom, e uma árvore *ruim* [podre] dá fruto *ruim* [podre], pois uma árvore é conhecida por seu fruto. Raça de víboras, como podem vocês, que são maus, dizer coisas boas? Pois a boca fala do que está cheio o coração. O homem bom do seu bom tesouro tira coisas boas, e o homem mau do seu mau tesouro tira coisas más. Mas eu lhes digo que, no dia do juízo, os homens haverão de dar conta de toda palavra inútil que tiverem falado. Pois por suas palavras vocês serão absolvidos, e por suas palavras serão condenados (Mateus 12:33-37).

Jesus compara as palavras ao produto de uma árvore. A *Mensagem* parafraseou o primeiro verso desse trecho da seguinte forma: "Se vocês crescerem como uma árvore saudável, irão produzir frutos saudáveis. Mas, se a árvore for doente, os frutos serão podres. Os frutos nos revelam a verdade sobre a árvore". As frutas não nascem por geração espontânea; elas sempre estão ligadas a uma árvore, e indicam a qualidade da planta em que nasceram.

As palavras são frutos que produzimos, e elas dizem a verdade a nosso respeito. Palavras boas só podem nascer de um coração bom, e o contrário também é verdade: palavras torpes nascem necessariamente de um coração torpe. Damos somente a partir do que possuímos em nosso interior, aquilo que Jesus chama de "tesouro". Se temos um bom tesouro, podemos dar aos outros coisas boas; se é um tesouro mau, os outros receberão de nós coisas más.

Assim, para atender à orientação de não dizer palavras torpes, precisamos, em primeiro lugar, verificar se nosso coração é torpe ou se está abrigando podridão dentro de si.

Você não precisa fazer um eletrocardiograma para examinar seu coração, pelo menos não nesse sentido. O método de Jesus é mais simples e infinitamente mais preciso. Ele diz: basta observar as palavras, "pois a boca fala do que está cheio o coração". Não tenha dúvida: as conversas das pessoas, o modo como dizem as coisas, as palavras que escolhem para se comunicar — tudo isso revela, mais nitidamente que um cardiograma, as condições de seu coração. Se ele pulsa com vida ou se está apodrecendo.

Segundo nosso Médico, o coração humano pode sofrer de 14 tipos de mazelas espirituais. Conte comigo:

> Pois do interior do coração dos homens vêm (1) os maus pensamentos, (2) as imoralidades sexuais, (3) os roubos, (4) os homicídios, (5) os adultérios, (6) as cobiças, (7) as maldades, (8) o engano, (9) a devassidão, (10) a inveja, (11) a calúnia, (12) a arrogância e (13) a insensatez. Todos esses males vêm de dentro e tornam o homem "impuro" (Marcos 7:21-23).

> Pois do coração saem [...] (14) os falsos testemunhos (Mateus 15:19).

Já vimos algumas dessas enfermidades em nossa jornada pela desconexão, mas todas elas são tratadas no Hospital de Sta. Língua. São doenças diferentes, mas o sintoma é igual — palavras podres — e o órgão afetado é o mesmo — o coração.

Coração on-line

Entenda que uma comunicação torpe é sintoma de um coração doente, e que ela afeta as pessoas de duas formas. Em primeiro lugar, palavras mal-ditas machucam quem as profere. Elas corroem por dentro, para depois, em segundo lugar, corroer quem as escuta.

Mas não só quem as escuta... quem as *lê* também. Isso amplia o raio de destruição de um coração doente. Qualquer palavra que ele produza, dita ou escrita, *ao vivo ou na internet*, pode gerar podridão ao redor.

A internet fervilha de palavras. A média de texto produzido diariamente nas redes sociais é de 3,6 trilhões (repito: TRI-LHÕES) de palavras, o que daria aí uns 36 milhões de livros.[11] Por dia! O catálogo da Amazon possui "apenas" 12 milhões de títulos disponíveis,[12] só um terço do que pessoas do mundo todo postam diariamente na internet.

Não há sombra de dúvida de que boa parte dessas palavras seja podre. Não precisamos de nenhuma pesquisa para comprovar isso. É só pensar no tipo de texto que você lê net afora: notícias, posts, e-mails, tuítes, propagandas, comentários. Isso sem falar no conteúdo verbal e não permanente: vídeos, *lives, calls*... É um verdadeiro criadouro de podridão, transbordando de palavras que transmitem maldade, desprezo, deboche, lascívia, preconceito e tantos outros males. Pessoalmente, considero a seção de "comentários" o faroeste da internet. É terra sem lei, onde cada um diz o que quer, sem precisar se identificar nem justificar o que falou. Há violência e difamação gratuita contra o que tiver sido postado, contra a pessoa que o postou e entre os "comentaristas". Tudo é feito sem a menor parcimônia e respeito pelo outro.

Enquanto alguns fazem isso por pura maldade, outros fazem com a desculpa de que estão sendo sinceros (mas, no fundo, estão sendo maldosos também). Um exemplo disso é a hashtag #prontofalei, ainda muito comum nas redes sociais. Normalmente essa hashtag vem após uma frase ou comentário atrevido, que tem potencial para magoar pessoas ou grupos, ou confrontá-los de forma imprópria. Essa terminologia #prontofalei representa muito bem o perfil das pessoas de nossa sociedade pós-moderna: gente desinteressada nas consequências de suas falas, sempre atacando e dizendo o que lhes vem à cabeça sem critério ou cuidado. Muitas vezes, o resultado de falar tudo o que vem à mente chega até a gerar ações na justiça por difamação; o que não chega a esse ponto, certamente irá acarretar no fim de boas amizades.

No entanto, perceba que não é a internet que torna as pessoas desbocadas. Assim como os festivais a Dionísio facilitavam o aceite de palavras e representações esdrúxulas, a internet apenas cria o ambiente favorável para o coração doente esparramar sua podridão. Como nas situações das diversas cidades pelas quais passamos, o mundo on-line oferece a falsa ilusão de que o que acontece lá não tem implicações na vida real. Logo, palavras ditas — ou mal-ditas — à toa não sofrerão consequências, já que são só "brincadeirinha". Todavia, Jesus não parecia estar brincando quando disse, no texto que acabamos de ver, que, "no dia do juízo, os homens haverão de dar conta de toda palavra inútil que tiverem falado" (Mateus 12:36).

Isso é muito sério, e deveria sim encher nosso coração de temor. Quantas palavras inúteis devem ter no meio das três trilhões e meio postadas diariamente? Quanta inutilidade existe nas coisas que *eu* posto nas redes sociais, nos comentários que faço nas notícias ou vídeos que acesso, nas resenhas que escrevo a respeito de produtos e serviços que consumi? Os que forem achados culpados, incluindo eu, terão de prestar conta de cada uma delas.

O que suas pegadas on-line dizem sobre seu coração? Você precisa se desconectar para avaliar objetivamente essas questões:

- De que tipo de conversa você tem participado?
- Qual é o objetivo de seus posts?
- Alguém poderia enxergar em suas palavras algum pontinho de podridão?

No caso de um diagnóstico ruim, se você detectar um foco de doença em seu coração, o tratamento recomendado pelo Hospital de Sta. Língua é a confissão.

MELHOR PARA FORA DO QUE PARA DENTRO

Agostinho disse que "A confissão de obras más é o princípio das obras boas". Ou seja, para falar palavras que edificam, precisamos

SANTA LÍNGUA

primeiramente confessar as palavras que não edificam, as sequelas de um coração enfermo.

Confessar é colocar para fora o que está no seu coração, mas com outro objetivo: em vez de ferir, curar. Em seu livro *Celebração da disciplina*, meu xará Richard Foster dá orientações preciosas sobre como proceder no processo de confissão.[13] Irei sistematizá-las aqui:

- A confissão deve ser feita de forma séria. Separe um tempo específico para isso. Comece convidando Deus para sondar seu coração e lhe mostrar se há nele alguma coisa podre (confira Salmos 139:23-24). Talvez seja uma boa ideia ter consigo papel e lápis, a fim de anotar as coisas que o Espírito for lhe revelando.
- Ao pedir perdão, chame o pecado pelo nome. "Uma confissão generalizada pode livrar-nos de humilhação e vergonha, mas não produzirá cura interior", diz Richard, lembrando que "as pessoas que foram a Jesus, foram com pecados óbvios, específicos, e cada uma delas foi perdoada". Não ore pedindo apenas para Deus mudar seu coração. Diga-lhe *o que* precisa ser mudado. Se o Senhor já não sabe? Claro que sim. Mas *você* precisa tomar consciência disso.
- Richard enfatiza que "a tristeza é necessária a uma boa confissão". É um modo de levar a confissão a sério e manifestar repugnância por haver ofendido o coração do Pai. Ou seja: não faça da confissão um momento automático de pedidos de desculpas, uma mera listagem de pecados que você cometeu. Sensibilize-se com suas mazelas, entenda que você quebrou a conexão com o Pai, compreenda sua necessidade do perdão de Deus.
- Além de confessar os pecados, esteja determinado a evitá-los. "Na Disciplina da confissão pedimos a Deus que nos dê um ardente desejo de viver santamente, e um ódio pela vida ímpia". Diga a si mesmo as palavras que Jesus falou a uma pecadora confessa: "Agora vá e abandone sua vida de pecado" (João 8:11).

Confessar-se é imprescindível, mas não é complicado. Esse passo a passo tem o objetivo de ajudá-lo, e você verá na prática que é mais simples do que parece. Mais importante do que o jeito com o qual você conduzirá sua confissão é entender que Deus já está pré-disposto a ouvir o que você tem a dizer. "Lembre-se do coração do Pai", nos anima Richard,

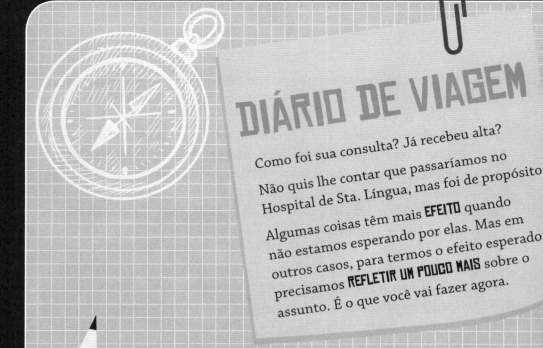

DIÁRIO DE VIAGEM

Como foi sua consulta? Já recebeu alta?

Não quis lhe contar que passaríamos no Hospital de Sta. Língua, mas foi de propósito. Algumas coisas têm mais **EFEITO** quando não estamos esperando por elas. Mas em outros casos, para termos o efeito esperado precisamos **REFLETIR UM POUCO MAIS** sobre o assunto. É o que você vai fazer agora.

O que você achava que eram "palavras torpes"? Por que elas não devem fazer parte de sua comunicação como cristão?

Você diagnosticou qual (ou quais) das 14 mazelas do coração em sua própria vida?

De que forma essa(s) doença(s) tem afetado sua comunicação?

A confissão precisa ser uma prática recorrente na vida do cristão, por isso Richard Foster a chama de "disciplina". Pense em como você pode incorporar esse tipo de oração em sua vida diária. Qual dia e horário são mais convenientes para você se confessar? Com qual regularidade pode fazer isso?

"ele é como um pastor que arriscará tudo para encontrar a ovelha extraviada. Não temos de fazer Deus disposto a perdoar. Em realidade, Deus é quem está trabalhando para fazer-nos dispostos a buscar seu perdão".

OS TRÊS PRINCÍPIOS DE STA. LÍNGUA

É só com o coração medicado que podemos seguir adiante em Sta. Língua. Caso contrário, qualquer esforço nesse sentido seria tão inútil quanto secar gelo. Tentar depurar o fluxo de nossas palavras sem tratar dos problemas na fonte — o coração — só causa frustração e pode impulsionar uma vida de hipocrisia.

Todas as orientações de Paulo no capítulo 4 de Efésios não podem ser observadas à parte do fato de que os efésios — e qualquer outra comunidade de cristãos — vivem na presença de Deus e estão revestidos de Cristo.

> Desse modo, toda a sua existência era um santuário no qual nada frívolo, o que dirá repugnante, seria apropriado. Para os efésios, a comunidade era 'família de Deus' (2:19) e seu 'santuário santo' (2:21); os cristãos, que estão 'assentados nos lugares celestiais em Cristo Jesus' (2:6), são descritos em termos de santidade (veja 1:4; 5:27).[14]

Ao orientar um falar santo, Paulo não está preocupado em fazer uma lista de palavras proibidas e permitidas. Mais do que isso, seu objetivo é dar princípios que rejam *todas* as palavras que os cristãos proferirem. Ele estabelece os três princípios do dialeto de Sta. Língua: palavras edificantes, adequadas e que transmitam graça aos ouvintes.

Princípio 1: "apenas a que for útil para edificar os outros"

Não falar palavras torpes é o portal de entrada em Sta. Língua. Mas isso não é tudo. Seja lá o que o cristão falar, deve dizer "apenas o que for útil para edificar os outros". Ênfase em *apenas*. O alvo das palavras do cristão, ditas ou postadas, deve ser *somente* a edificação de quem o ouve ou lê.

Suspire bem fundo, porque isso não é nada fácil. Na verdade, é tão difícil que a Bíblia diz que quem consegue essa proeza é "perfeito, sendo também capaz de dominar todo o seu corpo" (Tiago 3:2). A

SANTA LÍNGUA

língua — ou os dedos, no mundo on-line — é o órgão mais difícil de controlarmos. Ela já está ligadona antes de o cérebro dar a partida, já pôs para fora o que seria censurado se a pessoa tivesse conseguido pensar duas vezes antes de falar.

É uma falácia crer que o objetivo de um linguajar puro é não ofender Deus. Em nossa comunicação íntima com o Senhor, o Pai não se ofende com palavras que retratem a sinceridade de nossos sentimentos. Basta ler alguns salmos para perceber o quanto os salmistas não mediam suas palavras nas orações que dirigiam ao Senhor (confira Salmos 3:7; 55:15, 68:21). Da mesma forma que Deus não fica sem graça quando nos despimos para tomar banho, ele também não fica vermelho diante da franqueza de nossa alma, elevada a ele em oração.

No entanto, não posso esperar a mesma tolerância do outro. Deus sabe o que está no meu coração; a outra pessoa só consegue imaginar. Clemente de Alexandria, um dos pais da Igreja Primitiva, afirmou ousadamente que uma palavra obscena funcionava como a exposição indevida do corpo: embora não fosse capaz de ofender a divindade, era capaz de promover a lascívia no próximo.[15]

Esse é um exame simples de se fazer. Antes de postar alguma coisa, pergunte-se: "Isso irá edificar quem?". Sinceramente, é mais fácil controlar o que escrevemos do que o que dizemos, já que escrever requer mais neurônios e processos cerebrais do que o mero falar. Infelizmente, parece que refletir antes de escrever é tão anormal quanto pensar antes de falar. Entretanto, se quisermos manifestar Deus em nossa comunicação, devemos ter esse cuidado. Anime-se: as primeiras vezes parecerão difíceis e cansativas, mas com o passar do tempo, essa pergunta — "Isso irá edificar quem?" — torna-se automática.

Quando temos um coração em tratamento (ah, esqueci de avisar: você nunca recebe alta do Hospital de Sta. Língua. O tratamento é para o resto da vida), quando o coração está medicado, é muito mais fácil produzir naturalmente palavras que edificam e geram vida. Porém, para garantir que a comunicação será bênção, Paulo acrescenta outro princípio.

Princípio 2: "conforme a necessidade"

O segundo princípio diz respeito não ao que falar, mas *quando* falar: nossas palavras devem ser ditas apenas quando for necessário, e devem ser adequadas à ocasião.

Tiago nos lembra de que Deus nos deu uma boca e dois ouvidos, e que devemos usá-los nessa mesma proporção (veja Tiago 1:19). Saber controlar nossas palavras vai além de escolher o que dizer, requer que saibamos também quando (e se) devemos nos pronunciar.

O tempo todo, a Palavra de Deus nos mostra o poder da língua, como ela pode servir tanto para bênção como para maldição. Dominá-la nos torna pessoas muito especiais. Falar com sabedoria é fundamental para uma boa comunicação em todo relacionamento, mas você já deve ter vivido situações em que o silêncio foi (ou teria sido) a melhor resposta. Precisamos compreender e viver a realidade de que, quando não há nada edificante para dizer, o melhor é calar-se.

Quando vamos exercitando nosso coração a entender o tempo certo para as coisas, vamos crescendo em sabedoria, "pois o coração sábio saberá a hora e a maneira certa de agir" (Eclesiastes 8:5b). Salomão também alerta que "Quando são muitas as palavras, o pecado está presente, mas quem controla a língua é sensato" (Provérbios 10:19).

Princípio 3: "para que conceda graça aos que a ouvem"

A graça é um poder que vem de Deus para nos capacitar a fazer o que ele nos chamou a fazer. Isso fica exemplificado quando Paulo ora pedindo que o Senhor remova o famoso "espinho de sua carne", que supostamente atrapalhava seu ministério. Mas Deus responde: "Minha graça é suficiente para você" (2Coríntios 12:9). Paulo não seria mais produtivo sem o espinho; tudo de que precisava era da graça.

É a partir dessa graça que recebemos que podemos e devemos transmitir graça aos outros de todas as formas possíveis, incluindo a nossa comunicação.

"O teste de sua conversa não é apenas: 'Estou mantendo verdadeiras e puras as minhas palavras?', e sim 'Minhas palavras estariam sendo usadas para transmitir graça aos que ouvem?'"[16] O que dizemos deve ser caracterizado pela mesma graça que as pessoas encontravam nas palavras de Jesus.

Paulo preocupava-se com isso em todas as suas cartas. Repare que todas elas abrem com a expressão "graça e paz", e todas se encerram com "A graça seja com vocês", ou uma variação dela. Não são simples

SANTA LÍNGUA

termos de saudação ou despedida. O apóstolo, ao iniciar seu texto, tem a expectativa de que seus leitores recebam graça por meio da leitura de suas palavras. E quando conclui o que tinha a dizer, deseja que a graça que receberam os acompanhe, agora que a Palavra de Deus, comunicada pelo apóstolo, habita neles.[17] Portanto, posso esperar que as pessoas recebam graça da parte de Deus por meio do que eu for falar ou escrever; e posso desejar isso de tal modo que essa mesma graça as acompanhe depois que não estiverem mais num processo de comunicação comigo.

COMO EVITAR CONFLITOS DE PALAVRAS

Não tenho dúvida de que se esses três princípios de Sta. Língua — ser edificante, adequado e transmitir graça — fossem observados, o mundo seria, de verdade, um lugar melhor.

Porém, não é isso o que acontece. As palavras mal-ditas geram conflitos, nascem em meio a conflitos e perpetuam conflitos. Vivemos na pele o que Salomão indicou quando disse que "A resposta calma desvia a fúria, mas a palavra ríspida desperta a ira" (Provérbios 15:1). Palavras ríspidas nascem aos montes na internet, talvez sob a falsa sensação de que as pessoas têm de que sairão ilesas de qualquer bate-boca acalorado que travarem. No entanto, palavras são espadas de dois gumes, e podem ferir dos dois lados: tanto quem as profere como quem as escuta. Desse modo, precisamos evitar situações de conflitos e violência verbal gratuitas, mesmo na internet, sob a pena de afligirmos a nós mesmos com muitos males. Abaixo pontuo duas situações em que palavras ríspidas têm despertado muita ira. Preste atenção se você não tem se associado a essas práticas; desconecte-se delas o quanto antes para o bem do seu coração.

Divergência de opinião

Geralmente há atrito quando pessoas expressam desejos e gostos diferentes. É natural as pessoas gostarem de filmes diferentes, músicas de estilos distintos, terem gostos diferentes para lugares e comidas. E é natural que, na comunicação, um tente convencer o outro de que sua opção é a melhor.

Em si mesmo, isso não é um problema. Todo ser humano nasce, a princípio, com a capacidade de dialogar, ouvir o outro, expressar sua opinião e chegar a um consenso. Digo isso porque fomos criados à imagem de um Deus Trino, que embora não tenha divergências de opiniões em si, tem a habilidade de comunicação altamente desenvolvida, o que nos foi dado como graça.

As divergências de opinião se tornam problemáticas quando a questão não é vista como uma escolha entre duas opções, mas como um embate entre o "certo" e o "errado". Muita ansiedade seria evitada se as pessoas parassem de pensar que todo conflito tem o certo e o errado, e que é função delas estabelecer o que é o certo e apontar o que é errado. É incrível como as pessoas são criativas ao dizer que têm razão em uma simples conversa sobre onde jantar após o culto! Em vez de chegarem a um consenso, gastam energia discutindo para ver com quem está a razão. Porém, na maioria das vezes, não existe certo ou errado. O que existem são pensamentos diferentes.

Temos de reconhecer que o nosso gosto ou pensamento não é a Verdade Universal ou o Padrão Absoluto. Muitas vezes, entramos em brigas que custam caro por detalhes insignificantes, só por uma discordância de opinião.

Polarização

Quando alguém eleva sua opinião, ideologia ou teologia à categoria de Verdade Absoluta, e encontra alguém de opinião contrária que faz a mesma coisa em relação aos seus pensamentos, temos um duelo de gigantes. É o fenômeno da polarização.

Divergências geram todo tipo de briga, em todo ambiente, mas na maioria dos casos produz apenas caras fechadas e rostos virados, que se desfecham e desviram com um pedido sincero de desculpas. A polarização é um problema mais sério. É o que acontece quando o Partido A não só confronta os pensamentos do Partido B, mas também faz acusações morais contra seus seguidores. A briga deixa de ser a respeito de ideias e se torna pessoal, ofensiva.

Os gregos já faziam isso nos primórdios da democracia. Diz-se que naqueles dias, os partidos políticos gregos se pareciam mais com facções e gangues. Os membros do partido consideravam seus colegas como amigos, e os oponentes como inimigos (e você deve se lembrar como os gregos costumavam tratar seus inimigos). Com isso, havia amargura e rancor entre membros de facções opostas.[18] É triste que a sociedade ocidental conseguiu desenvolver e evoluir os pensamentos acerca da democracia, enquanto permanece presa a esse espírito tribal de polarização violenta.

Essa forma de lidar com o outro é amplamente difundida na internet. Ela é a arena em que os competentes de diferentes "times" se digladiam com palavras ofensivas, memes provocativos e tudo mais que houver em seu arsenal. O código de conduta on-line parece ser: "No caso de desacordo, insulte a dignidade do outro". Em vez de debater ideias, o foco passa a ser *bater* no oponente, humilhando-o, ridicularizando-o. O objetivo é ferir, em vez de sintetizar ideias. A mesma falsa sensação de anonimato que vimos em Pura Verdade é usada aqui para atacar o oponente com uma voracidade que talvez jamais fosse usada em um embate cara a cara. Veja, por exemplo, os comentários postados em notícias sobre política. Eles raramente se referem ao conteúdo da reportagem, mas são rápidos em atacar moralmente as pessoas da notícia e também seus apoiadores. As respostas vêm no mesmo tom e seguem o mesmo estilo.

Tal prática é aceita e bastante comum em nossa sociedade. As leis e as normas implícitas que regem o mundo ensinam que esse é o caminho do sucesso, seja pessoal, seja profissional. É imprescindível para uma sociedade pós-moderna, em que não há verdades nem valores objetivos, que os interesses individuais venham sempre em primeiro plano. O mundo vive mergulhado no egoísmo: cada um buscando seus próprios interesses e as melhores formas de alcançá-los. Não existe, neste sistema, lugar para o amor ao próximo ou para a valorização irrestrita do indivíduo, independente da filiação política, do gosto musical ou corrente teológica. A lógica é simples: se o outro não pensa como eu, então não é digno do meu respeito. Jesus bem nos alertou que devido ao aumento da maldade, no fim dos tempos, o amor de muitos se esfriaria (Mateus 24:12).

É terrível ver que essa prática envolve até os cristãos, em vergonhosos debates e discussões on-line. Um grupo tenta impor sua visão teológica ao outro, e geralmente brigam por coisas que não farão diferença nenhuma na vida e salvação das pessoas. C. S. Lewis chama nossa atenção ao fato de que essa possa ser uma das táticas de Satanás para manter o cristão na prática do pecado, enquanto, iludido, acha que está arrasando por se meter em discussões teológicas. Na boca do demônio Maldanado, Lewis diz: "Penso que eu o tenha advertido anteriormente de que, se o seu paciente não puder ser mantido fora da igreja, ele deve pelo menos ser intensamente associado a algum grupo de dentro dela. Não estou me referindo a assuntos realmente doutrinários; sobre estes, quanto mais indiferente ele for, melhor. Nós não dependemos essencialmente das doutrinas para gerar hostilidade. A mais pura diversão está em causar o ódio entre aqueles que dizem "eucaristia" e aqueles que preferem dizer "santa ceia" quando nenhuma das duas partes poderia sequer definir a diferença".[19]

Essa conduta entre cristãos, além de tola, inútil e pecaminosa, traz escravidão e destruição. Paulo advertiu os gálatas quanto a isso, ao dizer:

> Irmãos, vocês foram chamados para a liberdade. Mas não usem a liberdade para dar ocasião à vontade da carne; ao contrário, sirvam uns aos outros mediante o amor. Toda a Lei se resume num só mandamento: "Ame o seu próximo como a si mesmo". Mas se vocês se mordem e se devoram uns aos outros, cuidado para não se destruírem mutuamente" (Gálatas 5:13-15).

Em alguns casos, talvez você esteja mesmo com a razão. Talvez a outra pessoa esteja, de fato, enganada, ou ainda é imatura demais, emocional e espiritualmente falando, para se convencer de seu erro e aceitar a verdade. Mas se a divergência não for uma questão de vida ou morte, se não se tratar de uma blasfêmia em absoluto, ou da negação de pontos centrais do cristianismo — como a salvação somente pela fé e a mediação exclusiva de Cristo — nesses casos, entregue a situação a Deus. Como o apóstolo, acredite que "Todos nós que alcançamos a maturidade devemos ver as coisas dessa forma, e, se em algum aspecto vocês pensam de modo diferente, *isso também Deus lhes esclarecerá*" (Filipenses 3:15). Confie na bondade e no *timing* do Senhor em trazer maturidade e esclarecimento aos irmãos. Quanto a você, há só uma escolha a tomar: "Você prefere ser feliz ou estar certo? Na sua família, no seu grupo de amigos, na discussão a favor ou contra, o que você prefere? Isso depende. Prefiro estar certo se aquilo for decisivo em relação à condução da vida, mas eu adio a minha posição em nome de alguma coisa que é maior".[20]

E O QUE É MAIOR? A LEI DO AMOR

Em casos de divergência de opiniões, ou até mesmo de polarizações, a lei que guia o cristão é a lei do amor e da tolerância. É o que ensina a carta escrita por Tiago. Nela, aprendemos que não há nada mais libertador do que perceber que Deus fez cada um diferente, e que essa diferença nos completa. Precisamos baixar nossos preconceitos e ter visão de Reino para criar pontes e dialogar com todos em vez de nos fechar em muros.

No capítulo 2 de sua carta, Tiago ensina: "Meus irmãos, como crentes em nosso glorioso Senhor Jesus Cristo, não façam diferença entre as pessoas, tratando-as com parcialidade" (v. 1). A tradução mais tradicional diz: "Meus irmãos, não tenhais a fé em nosso Senhor Jesus Cristo, Senhor da glória, em acepção de pessoas" (RA).

A palavra "acepção" significa "receber o rosto", ou seja, fazer julgamentos e estabelecer diferenças baseadas em considerações externas, tais como aparência física, status social ou raça. Muitos universitários acreditam que o fato de terem sido aprovados num vestibular os faz melhor que a maioria da população. É bem verdade que possuir formação superior é um privilégio no Brasil, e isso outorga ao universitário meios de transformação social. Mas isso não faz dele alguém melhor ou pior do que os demais. Até mesmo dentro das universidades existem aqueles iludidos que acreditam que determinado curso é melhor que outro. Na prática, o homem está sempre fazendo acepção de pessoas.

No caso específico do livro de Tiago, a acepção acontecia *dentro da igreja* e era feita com base no poder aquisitivo. Os mais ricos eram tratados com deferência, ao passo que os pobres eram tratados com desprezo. A provocação de Tiago pode ser resumida nesta pergunta: o rico é melhor do que o pobre? Em muitos aspectos, os ricos traziam mais prejuízos e problemas do que os pobres; mesmo assim, eram tratados com maior respeito (vs. 5-7).

A acepção de pessoas é contrária à lei do Reino, que é a lei do amor, conforme registra o versículo 8: "Se vocês de fato obedecerem à lei do Reino encontrada na Escritura que diz: 'Ame o seu próximo como a si mesmo', estarão agindo corretamente". Esse amor deve ser manifestando e demonstrado a todas as pessoas, inclusive "inimigos" — os oponentes, os que pensam diferente — conforme conceito ampliado por Jesus em Lucas 10:25-37 e Mateus 5.44. Não basta amar o amigo. O cristão verdadeiro ama e valoriza igualmente todas as pessoas.

Quando um cristão faz acepção de pessoas, está em desobediência à lei do Reino e do amor e, com isso, está pecando, "pois quem obedece a toda a Lei, mas tropeça em apenas um ponto, torna-se culpado de quebrá-la inteiramente" (Tiago 2:10). A prática da diferenciação entre as pessoas é totalmente contrária ao caráter de Deus, algo inaceitável para ele e que não pode ser visto nas atitudes do seu povo. Jesus, que é a imagem do Deus invisível (Colossenses 1:15), pregou e viveu o amor incondicional e sem acepção de pessoas.

Da mesma forma, ao se tornar cristão, a pessoa se retira voluntariamente do sistema secular, e passa a viver segundo um padrão bem mais elevado de valores: o padrão do Reino de Deus. Ela se veste de Cristo e "a ninguém mais consideramos do ponto de vista humano" (2Coríntios 5:16). Pelo contrário, entendemos o valor de cada um e passamos a enxergá-lo do ponto de vista de Deus. Portanto, devemos olhar para o outro como uma maravilhosa ocasião para aprender com as diferenças, experimentar a unidade na diversidade. Precisamos entender isso e parar de aceitar em nosso círculo somente pessoas que tenham características iguais às nossas. Conecte-se com a diferença, desconecte-se do pecado.

Concluímos nossa passagem por Sta. Língua considerando que a vida em santidade, apresentada aos efésios, não diz respeito somente ao relacionamento com o Deus, mas também — e talvez até mais — com a conexão do crente com o próximo. Primeiramente com o irmão, com quem compartilha o Alto Chamado e o Corpo de Cristo; e depois com toda a humanidade, da qual o crente faz parte e que, como ele, também é imagem do Criador que ele adora. Simplesmente por isso, os outros seres humanos são dignos de serem respeitados.

RESPEITE AS IDEIAS E A COMUNICAÇÃO ALHEIA

Quantas vezes você já teve a impressão de não ser entendido por alguém? Fala uma coisa; outra é entendida. É desgastante e frustrante perceber que não há clareza de entendimento sobre sentimentos, anseios e ideias. Isso ocorre porque, muitas vezes, achamos que o outro se comunica como nós, ou que deveria ser assim. Na verdade, as pessoas são diferentes e têm formas de se comunicar muito distintas. O que nos falta, às vezes, é sair da nossa posição de conforto e tentar descobrir o "idioma" do outro, tentar entender o que, de fato, o outro está querendo dizer e, assim, evitar constrangimentos e brigas desnecessárias. Seguem algumas dicas para vencer esse desafio:

- Não menospreze a preferência da outra pessoa. Seja compreensivo e entenda a importância dos desejos dela. Não diga que uma decisão sua é da vontade de todos, ou que a sua opinião é a melhor ou a mais correta. Tudo pode ser feito de comum acordo; questione suas vontades e cresça ao ampliar seus horizontes.
- Escute mais, preste atenção no que o outro está dizendo. Muitas vezes, olhamos para quem está falando com a gente, mas estamos com a cabeça nas nuvens. Se ela pergunta: "O que você acha disso?", pronto, você se deu mal. É horrível perceber que o outro não está honrando você, ouvindo-o. Isso é ainda mais cruel quando nosso interlocutor está com a cara enfiada no celular enquanto falamos com ele. Entenda que você só pode participar de uma conversa por vez, e que a conversa com a pessoa de carne e osso na sua frente tem preferência a qualquer conversa on-line, simplesmente pelo fato de ela estar na sua presença. Por isso, esteja presente de corpo e alma nas conversas ao vivo. Ouça tudo, e se não entender algo, pergunte. Mostre para a pessoa que o que ela está dizendo é importante para você também. Caso haja alguma coisa no seu celular que realmente precise da sua atenção — tipo, sequestraram sua mãe — peça licença à pessoa que está na sua frente, explique a urgência da situação e aí sim, saia da conversa.
- Busque expressar para o outro o que você está sentindo quando ele fala de determinada maneira que o ofende. Os valores mudam de pessoa para pessoa; o que um acha que não tem problema pode soar

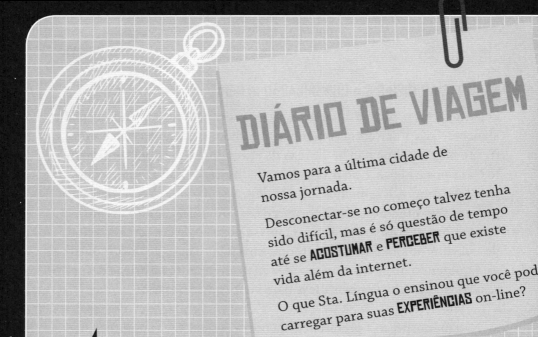

DIÁRIO DE VIAGEM

Vamos para a última cidade de nossa jornada.

Desconectar-se no começo talvez tenha sido difícil, mas é só questão de tempo até se **ACOSTUMAR** e **PERCEBER** que existe vida além da internet.

O que Sta. Língua o ensinou que você pod carregar para suas **EXPERIÊNCIAS** on-line?

Você sente necessidade de postar a respeito de praticamente tudo o que acontece na sua vida, ainda que isso não tenha importância nenhuma para você ou para quem o segue? Você acha que isso fere o princípio de dizer *apenas* o que for útil para edificar os outros?

Em que momentos da interação on-line você acha que é melhor não dizer nada?

Você já usou a hashtag #prontofalei? Era sobre algo que deveria mesmo ser dito, ou que poderia ter sido deixado de lado, ou ainda, comunicado somente a Deus em oração?

Entre os perfis que segue, há alguém que é defensor ferrenho de determinado ponto de vista? Como essa pessoa se posiciona diante daqueles que discordam dela? A maneira de ela defender sua opinião transmite graça a quem a ouve?

como absurdo para o outro. Tudo depende do ponto de vista. Se você foi ofendido com uma fala que não teve essa intenção, manifeste-se. Se não fizer isso, a tendência é que o fato se repita, e a relação se desgaste. Uma boa dica é dizer para a pessoa: "Quando você faz isso, eu me sinto...". Ela precisa entender o que você sente, pois, certamente, não está sentindo da mesma forma e não está dando o mesmo valor.

• Seja verdadeiro, mas evite a calúnia e a violência das palavras. Busque a melhor maneira de se expressar, respeite a velocidade e o temperamento do outro. Mas jamais minta, dissimule ou omita aquilo que você entende que precisa ser dito.

Sta. Língua é mais uma questão de coração de que propriamente de língua. O segredo é manter seu coração conectado a Jesus 24 horas por dia, em todos os ambientes que você frequentar. Ligado à fonte da Vida suas palavras derramarão graça a todos os que o ouvirem.

Notas

[1] BECK, David. "Sanctuary of Dionysus, Athens". Disponível em: <warwick.ac.uk/fac/arts/classics/students/modules/greekreligion/database/clunap>. Acesso em: 6 jul. 2019.

[2] RIBEIRO JUNIOR, W. A. "Aristófanes". Disponível em: <greciantiga.org/arquivo.asp?num=0196>. Acesso em: 6 de jul. 2019.

[3] HULTIN, Jeremy F. *The Ethics of Obscene Speech in Early Christianity and Its Environment*. Leiden: Brill, 2008, p. 43. Disponível em: <books.google.com.br/books?id=2d-wCQAAQBAJ&printsec=frontcover&hl=pt-BR#v=onepage&q&f=false>. Acesso em: 13 jun. 2019.

[4] Ibidem, p. 46.

[5] Ibidem, p. 1.

[6] Ibidem, p. 2.

[7] Ibidem.

[8] Ibidem.

[9] Ibidem, p. xx.

[10] FOULKES, Francis. *Efésios: introdução e comentário*. São Paulo: Vida Nova, 2008, p. 112.

[11] REINKE, Tony. *12 ways your phone is changing you*. Wheaton: Crossway, 2017, p. 145.

[12] AMAZON.COM. *Amazon.com.br anuncia mais de 750 novos títulos em português disponíveis no Kindle Unlimited*. Disponível em: <www.amazon.com.br/b?ie=UTF8&node=16775803011>. Acesso em: 5 jul. 2019.

[13] FOSTER, Richard. *A celebração da disciplina*. São Paulo: Editora Vida, 1983, capítulo 10.

[14] HULTIN, Jeremy F. *The Ethics of Obscene Speech in Early Christianity and Its Environment*. Leiden: Brill, 2008, p. xx.

[15] Idem, p. xxi.

[16] FOULKES, Francis. *Efésios: introdução e comentário*. São Paulo: Vida Nova, 2008, p. 112.

[17] PIPER, John. "Philippians 1:2: You Still Need Grace and Peace". Disponível em: <www.desiringgod.org/labs/you-still-need-grace-and-peace>. Acesso em: 6 de jul. 2019.

[18] MAHAFFY, J. P. apud WALCOT, P. *Odysseus And The Art Of Lying. Ancient Society*, v. 8, 1977, p. 5. Disponível em: <www.jstor.org/stable/44080110>. Acesso em: 12 jun. 2019.

[19] LEWIS, C. S. *Cartas de um diabo a seu aprendiz*. Rio de Janeiro: Thomas Nelson Brasil, 2017, p. 92.

[20] CORTELLA, Mario S. et al. *Verdades e mentiras: Ética e democracia no Brasil*. Campinas: Papirus, 2018, versão digital.

FELIZ CIDADE

Sexto posto

LEMA

"Não entristeçam o Espírito Santo de Deus, com o qual vocês foram selados para o dia da redenção" (Efésios 4:30)

Vou ter de falar bem alto para você conseguir me escutar em meio a todo esse barulho! Desculpe ter escolhido um lugar tão movimentado para trazer você, mas a gente não podia deixar de vir aqui! Bem-vindo à capital do mundo!

Na verdade, estamos no centro da capital do mundo. É porque essa ágora aqui não abriga só um mercado de produtos, mas também de ideias vindas de todos os cantos do império. É verdade que Atenas não é mais a cidade que era antes. Depois que Alexandre, o Grande, reuniu tantas terras diferentes sob o seu governo, Atenas perdeu o posto de capital política. Mas ela ainda fervilha de pessoas e ideias internacionais.

Quer fazer uma experiência legal? Feche os olhos por um instante e abra bem os ouvidos. Vá em frente, eu estou aqui, não vou sair. Tente perceber quantas línguas diferentes você escuta ao seu redor. Tem gente de Alexandria, da Síria e Macedônia, trazendo seus produtos para o mercado. Aqui perto, algumas pessoas estão discutindo o preço de azeitonas. Conseguiu escutar? Atrás de você tem um pedinte mendigando algumas moedas. Ouviu gritos de exclamação e um barulho de fogo? Não se preocupe, não é incêndio. É um artista aqui ao lado, fazendo um espetáculo. Ele está cuspindo fogo, literalmente, e fez a plateiazinha ir ao delírio. Aqui é assim: os artistas se aproveitam da multidão para fazer seus pocket shows. E os pedintes se aproveitam da plateia dos artistas para recolher algumas moedas.

Pode abrir os olhos, vamos continuar andando. Todo esse pessoal que você vê tem uma língua diferente, uma religião diferente. Mas com o Alexandre, que uniu todo mundo num único governo, a língua e a cultura internacional é a grega. Todo mundo arranha um pouco de grego, senão não conseguem se comunicar. Mas acima disso está a cosmovisão grega, que desceu sobre todos como uma chuva e impregnou cidades tão distintas e distantes com o mesmo jeito de pensar na vida.

A gente veio a Atenas não porque ela seja o centro político ou comercial do mundo. Essa fase dela já passou. Mas ela ainda é a capital das ideias.

E a maior ciência das ideias, atualmente, é a filosofia. Não tem como falar de filosofia sem pensar em Atenas. Ela é o ícone da civilização helênica que Alexandre ajudou a construir e divulgar mundo afora.

Os grandes filósofos já passaram por aqui: Sócrates, Platão, Aristóteles. Esse último, aliás, foi professor do imperador Alexandre quando era menino. A gente pode dizer, com bastante convicção, que aqui é a sede da rede mundial de ideias. Daqui saem as fibras óticas virtuais que abastecem o império com os pensamentos e as ideias que vão ocupar a cabeça das pessoas em todos os cantos. As novas filosofias se espalham de boca em boca, entram nos navios e nos potes de azeitona do mercado e desembarcam em portos e casas a quilômetros daqui. Consegue imaginar uma civilização assim, totalmente interligada através do planeta? Uma época em que pessoas da mesma geração têm pensamentos parecidos, não importando se estão na Índia ou na Espanha?

Parece assustador? Sei que não, você vive num mundo igualzinho. E a minha pergunta para você nesse último ponto da nossa jornada é: a vida nesse mundo globalizado, sem fronteiras, deixa você feliz e tranquilo?

Se você sair por essa ágora fazendo essa pergunta, muita gente vai responder: "Não!". A falta de limites trouxe muita insegurança, dúvida e incerteza. Por isso, surgiram novas filosofias para responder às perguntas que habitam o coração do homem em qualquer cidade, de qualquer império ou era: qual é o objetivo dessa vida?

Mas a gente não vai encontrar essa resposta em Atenas não. É só em Feliz Cidade que essas dúvidas são propriamente respondidas.

No momento em que escrevo estas páginas, a Filosofia, como área de conhecimento humano, perdeu o cheiro de livro velho. Hoje ela se apresenta em volumes bem chamativos e reluzentes que ocupam as mesas dos livros "mais vendidos" em livrarias de todo o Brasil. E os representantes da Filosofia não são mais o bicho-grilo da faculdade de Humanas, nem o professor alienado da eletiva de Exatas. Os atuais porta-vozes da filosofia possuem milhões de seguidores no YouTube, e dão palestras tão concorridas quanto a de gurus motivacionais.[1]

A despeito dos canais e da linguagem que usam, os filósofos pop da atualidade se dedicam a responder as mesmas questões sobre as quais os filósofos do mundo antigo debatiam. A humanidade ainda se pergunta "Quem somos nós?" e "Qual é o sentido da vida (do trabalho, da arte, do amor etc.)?". Como apontou Jostein Gaarder no *best-seller* O *mundo de Sofia*, "Basicamente, não há muitas perguntas filosóficas para se fazer. Já fizemos algumas das mais importantes. Mas a história nos mostra diferentes *respostas* para cada uma dessa perguntas que estamos fazendo."[2]

Uma pergunta especialmente pertinente para todas as gerações é: "O que é felicidade, e como alcançá-la?". As pessoas procuram a resposta até hoje. No entanto, a felicidade buscada deixou de ser um bem genérico. Em vez de perguntarem "O que é felicidade?", as pessoas e os gurus se dedicam a responder "Como alcançar o sucesso?", supondo que sucesso e felicidade são a mesma coisa, ou "Como sobreviver ao sofrimento?", supondo que o segredo para a estabilidade emocional é a chave da felicidade.

É verdade que "felicidade" foi significando coisas diferentes com o passar do tempo. A definição da palavra pode ser a mesma — "satisfação, contentamento, bem-estar" — mas a *concretização* desse significado mudou. Ser feliz na cultura digital não é a mesma coisa que ser feliz no império helenista de Alexandre, o Grande.

Na filosofia helênica, a palavra grega que descrevia felicidade era *eudaimonia*. Trata-se da junção de duas palavras: "eu", que significa

FELIZ CIDADE

"bom" e "daimon" que significa "divindade" ou "espírito". Ser "eudaimon" é viver de maneira favorecida por um deus (ou espírito); é estar bem. Na prática, como seria essa vida favorecida pelos deuses? Quais são suas características, e como alcançá-la?

As três principais correntes filosóficas do mundo helênico — cínicos, estoicos e epicuristas — possuíam suas próprias respostas a essa questão.

Os *cínicos* — não tem nada a ver com aquela cara de deboche que você faz quando trolou alguém — eram seguidores do grande Sócrates e acreditavam que uma pessoa era realmente feliz quando era capaz de viver sua verdadeira essência.[3] "Os *cínicos* diziam que a verdadeira felicidade não depende de fatores externos como o luxo, o poder político e a boa saúde. Para eles, a verdadeira felicidade consistia em se libertar dessas coisas casuais e efêmeras." Os cínicos também pensavam que "as pessoas não precisavam se preocupar com a saúde, nem mesmo com o sofrimento e com a morte", sejam seus, sejam dos outros. É nesse sentido que usamos a palavra "cínico" nos dias de hoje: para se referir a alguém que não está nem aí para os sentimentos alheios.[4]

Do cinismo veio a filosofia *estoica*, que foi a corrente de pensamento mais influente do mundo romano, que se seguiu a Alexandre, o Grande. O apóstolo Paulo chegou a discutir com alguns deles em Atenas (confira Atos 17:18). Para os estoicos, *eudaimonia* não é uma vida agradável, mas uma vida guiada pela razão. "A capacidade de dominar a si que distingue o sábio do estúpido, segundo o estoicismo." Os estoicos teriam infartos agudos do miocárdio se ouvissem a máxima contemporânea "Siga o seu coração". Para o estoicismo, isso seria um absurdo. Seguir o coração é exatamente o contrário de ser feliz. "Paixão é desobediência à razão, e virtude é vitória sobre a paixão", pregava seu mestre.[5] Para eles, a razão é quem dá ao homem a serenidade interior em momentos de caos, assim como o impede de se perder em paixões e prazeres nos dias de tranquilidade.

A terceira escola filosófica mais importante da época helênica é a dos *epicuristas*. Eles também estavam lá no cenário de Atos 17:18, discutindo com o apóstolo Paulo. Enquanto os cínicos e os estoicos entendiam que a pessoa só seria plena quando fosse capaz de suportar todos os tipos de dor, os epicuristas pensavam que a vida ideal seria aquela que se *afastasse* de tudo o que causasse sofrimento.[6] Assim, ser feliz era não ter nenhuma fonte de angústia. Os epicuristas *não* incentivavam a busca desenfreada pelo prazer — essa é a doutrina do hedonismo. Eles só queriam "ausência de dor no corpo e a falta de perturbação da alma".[7] Isso seria a verdadeira felicidade.

Com qual dessas três definições você mais se identifica? O que é felicidade para você?

E O CRISTIANISMO, O QUE DIZ?

As ideias culturais sobre felicidade e qualquer outro grande tema da vida humana (como trabalho, amor, cidadania, entre outros) não estão organizadas em enciclopédias. Elas estão na cabeça das pessoas. Integram a *cosmovisão* de um indivíduo e de uma sociedade. Assim, quando Paulo ou qualquer outro apóstolo pregava a judeus ou gentios da cultura helênica, não estavam falando com pessoas vazias de conteúdo. Pregavam a gente influenciada pela época na qual viviam, tendo a visão do mundo à sua volta profundamente arraigada em seu coração. Hoje também é assim. Ninguém vive num vácuo cultural. Somos todos influenciados e influenciadores da sociedade na qual vivemos.

Dessa forma, quando nos aproximamos da Bíblia, temos de tomar o cuidado para ler o que ela realmente diz, e não o que a minha cosmovisão quer que ela diga. Isso é perigoso porque, se quisermos, conseguiremos achar base bíblica para apoiar as três correntes filosóficas helênicas que acabei de lhe apresentar. Como dizem, a Bíblia é a mãe de todas as heresias, não porque seu conteúdo é inexato, mas porque o coração do homem é muito criativo em distorcer a verdade para fazê-la se adequar aos seus conceitos pessoais.

É um grande perigo ir até a Bíblia para buscar provas de que meu pensamento é o certo. Tenho de me aproximar da Palavra de Deus para entender *em que estou errado*. Só podemos agir assim a partir do pressuposto de que não somos os detentores da verdade; apenas o Senhor é. Será preciso nossa vida inteira — e a eternidade também —para descobrirmos e experimentarmos essa verdade que é Jesus.

FELIZ CIDADE

É essa verdade que nos diz o que é a felicidade:

Felizes os pobres em espírito,
   pois deles é o Reino dos céus.
Felizes os que choram,
   pois serão consolados.
Felizes os humildes,
   pois eles receberão a terra por herança.
Felizes os que têm fome e sede de justiça,
   pois serão satisfeitos.
Felizes os misericordiosos,
   pois obterão misericórdia.
Felizes os puros de coração,
   pois verão a Deus.
Felizes os pacificadores,
   pois serão chamados filhos de Deus.
Felizes os perseguidos por causa da justiça,
   pois deles é o Reino dos céus (Mateus 5:3-10).

A palavra grega que algumas versões da Bíblia traduzem como "bem-aventurados" e outras como "felizes" no texto acima é *makários*. Seu sentido é de alguém "mais que feliz, maior que feliz". No texto bíblico, *makários* são as pessoas que recebem o favor de Deus. Não é ser feliz no sentido de ter uma vida boa ou não, de saber suportar a dor ou não, mas de se tornar receptor das bênçãos de Deus.

Nesse famoso trecho das bem-aventuranças, Jesus diz que pessoas com os mais diversos tipos de carências, algumas físicas, outras emocionais e espirituais, são *felizes* porque receberão de Deus a bênção que suprirá sua necessidade. Essa bênção que Deus concede transcende a situação em que a pessoa se encontra. Por isso, "ser perseguido por causa da justiça" é fonte de felicidade, em vez do fato de não sofrer qualquer tipo de perseguição. Pois os perseguidos terão acesso ao Reino dos céus, e isso lhes deixa "mais do que felizes" mesmo num contexto de oposição. A bênção que Deus dá (o Reino dos céus) é maior que o contexto.

Assim, vida feliz para o cristão não depende do que está acontecendo ao seu redor, mas também não depende do que está acontecendo dentro dele. A felicidade não está nas coisas que possui, mas também não está nos pensamentos que tem. Sua felicidade está em Deus. O Senhor é maior que qualquer bem que alcancemos na terra, mas ele também é maior que o nosso coração (veja 1.João 3:20). Felicidade, então, não está baseada no que tenho nem no que sinto, mas na fé em um Deus que estende a mim o seu favor diariamente.

COMO PAULO APRESENTA A VIDA FELIZ AOS EFÉSIOS?

Vimos que na primeira parte da carta aos efésios, Paulo falou sobre "todas as bênçãos espirituais nas regiões celestiais" que recebemos em Cristo (1:3). Isso sim é felicidade! O favor de Deus se manifestou sobre nós em forma de bênçãos que não podemos nem medir e nem contar.

As exortações que o apóstolo deu aos efésios, as quais temos usado como guia em nossa jornada, são um desdobramento dessa vida feliz que alcançamos no Senhor Jesus. É um tutorial de como manter o brilho da felicidade que nos foi dada. Agora, no último posto da jornada, no último alerta do apóstolo, descobrimos que o segredo da felicidade está em fazer feliz "o Espírito Santo de Deus, com o qual vocês foram selados para o dia da redenção" (4:30).

Há um mundo de coisas a explorar nessa vida em felicidade. Ou em Feliz Cidade. Vamos, juntos com o apóstolo Paulo, passear pelos três principais marcos dessa última parada.

1. AVENIDA DA FELICIDADE, UMA VIA DE MÃO DUPLA

O cristão sincero busca sua felicidade em Deus. Como funciona isso na prática?

Muitos pedem a Deus, em oração, que ele lhes conceda as coisas que os deixarão felizes: um emprego, uma cura, um namorado, um bem material. Várias coisas. Pedimos porque cremos que o Senhor tem em suas mãos o poder para agir em nosso favor e nos fazer felizes.

Mas você já considerou o fato de que *ele também* lhe pede para fazer coisas que *O* deixarão feliz?

FELIZ CIDADE

Esse é o primeiro marco de Feliz Cidade: *nós temos o poder de fazer o Espírito de Deus ficar triste*. Uau! Essa frase é forte demais. Vou repeti-la aqui, e o convido a lê-la em voz alta: *nós temos o poder de fazer o Espírito de Deus ficar triste*.

Este é o sentido da ordem: "Não entristeçam o Espírito Santo de Deus". Às vezes, achamos que Deus é indiferente aos nossos atos, como um *cínico*, incapaz de sofrer quando ofendido. Ou que, como um *epicurista*, nos repudia quando o ofendemos, porque quer se poupar de tudo o que possa lhe causar dor — isso explicaria o porquê de ele castigar as pessoas que o chateiam. Ou ainda, achamos que, como um *estoico*, o Senhor racionaliza nossos pecados e transgressões, e não é afetado por eles. "Ele sabe que sou humano, que a carne é fraca", pensamos, e achamos que Deus se dá por satisfeito com isso.

Mas Paulo está aí dizendo que o Espírito Santo, que habita no cristão, fica *triste* com determinadas atitudes.

Sim, Deus se entristece quando optamos por fazer o contrário do que ele nos pede; mas não é por ter sido contrariado. Deus não fica dodói. Sua tristeza está no fato de que, quando o ofendemos, nossa relação é afetada. A conexão cai.

Todas as cidades pelas quais passamos em nossa jornada mostram potenciais perigos de desconexão com o Espírito. No entanto, é interessante notar que esses comportamentos perigosos, que nos desligam do Senhor, estão relacionados ao próximo, e não diretamente a Deus. A verdade é devida *ao seu próximo* (v. 25); a ira é *contra pessoas* (v. 26); o trabalho é para *repartir com quem precisar* (v. 28), e a palavra boa é *para edificar os outros* (v. 29).

Nossa conexão com o Criador é roteada pela conexão com o próximo. Assim, entristecemos ao Espírito quando nos isolamos das pessoas, principalmente das que compõem o Corpo de Cristo.

Diga aí: o quão comum é isso nesses dias digitais?

Não é bom estar só

O isolamento é tão ruim que quem diagnosticou o problema da solidão foi o próprio Deus. A primeira vez na Bíblia em que ele desaprovou algo em sua criação foi quando detectou que o homem estava sozinho no Éden (veja Gênesis 2:18). Desde o começo, Deus trabalhou contra a solidão humana. Ele projetou a família, a igreja, a comunhão. É desejo dele que as pessoas vivam em comunidade, porque ele mesmo vive em comunidade.

A vida em comunhão é um reflexo do Deus trino. Logo na criação, já vemos as três Pessoas da Trindade — o Pai, o Filho e o Espírito Santo — em ação conjunta: Deus fala, o Espírito se move, o Verbo traz as coisas à existência.[8] Esse Deus três-em-um-em-três vai deixando as coisas com a sua cara conforme as cria: "Os céus declaram a glória de Deus; o firmamento proclama a obra das suas mãos" (Salmos 19:1). O auge da criação acontece na formação da humanidade, que é imagem e semelhança do Criador (Gênesis 1:26-27). É bem nessa hora que Deus diz: "Façamos". Repare no verbo: Façamos. Está no plural. Você e eu fomos formados no momento mais comunitário da criação. Isso significa que relacionar-se, viver em conjunto está na essência de quem somos, como está na essência de quem nos criou.

É claro que a convivência não é sempre mil maravilhas. Culpa do pecado. Quando o ser humano se desconectou de Deus, ao escolher sua própria vontade em vez da vontade do Criador, ele também se desconectou do próximo. Lembra-se de Adão e Eva, jogando a culpa um no outro diante de Deus (confira Gênesis 3:11-13)? Naquele momento, os relacionamentos foram profundamente afetados para sempre. Ficaram marcados por acusação e culpa, expectativa e frustração, cobrança e ansiedade.

Vamos sobrevivendo, mas nem sempre é fácil. Por isso, sempre que dá, o ser humano procura jeitos de fugir dos relacionamentos, principalmente quando se tornam mais íntimos e, consequentemente, mais complexos.

Para onde as pessoas têm fugido? Antigamente era para o bar da esquina. Hoje, é para trás do celular. A tela nos dá a falsa sensação de que estamos protegidos, escondidos. Podemos nos passar por outra pessoa, fingindo não ser quem realmente somos. Muitas pessoas não gostam do que são, têm vergonha do emprego ou do desemprego, se acham feias e desinteressantes. Por essa razão, criam avatares e nunca apresentam seu verdadeiro eu na internet. Preferem brincar de faz-de-conta no mundo digital, em vez de enfrentar os relacionamentos reais.

FELIZ CIDADE

É perceptível que quanto mais as pessoas gastam suas horas de vida na internet, mais dificuldade possuem em viver o coletivo real. Elas mergulham no mundo virtual e ali se comunicam com gente do mundo todo, mas não saem da frente do computador, não buscam atividades fora de casa, e quando estão diante de pessoas de carne e osso, têm uma dificuldade terrível de se comunicar.

Praticamente, desde o surgimento da internet, na década de 90, pesquisas e especialistas começaram a antever os possíveis malefícios que o novo meio poderia trazer ao indivíduo. As palavras "dependência" e "isolamento" bombavam nas pesquisas de estudiosos do mundo todo.[9]

Um dos primeiros grandes estudos sobre esse tema da solidão moderna foi feito pela Universidade de Stanford, EUA, na virada do século. O coordenador da pesquisa, o cientista político Norman Nie, detectou que "Quanto mais tempo as pessoas usam a internet, menos elas convivem com seres humanos de verdade". Quase profeticamente, há vinte anos, Nie declarou que "seremos milhões de pessoas praticamente sem interação social. A internet é um meio com grande potencial para aumentar as liberdades, mas se continuar sendo usada assim, acabaremos isolados".[10]

O universo digital dá às pessoas a oportunidade de se isolarem do mundo *sem se isolarem*. Isso é inédito. Até hoje, os dependentes de coisas como cigarro e bebidas são olhados com canto de olho, e acabam em isolamento por causa do vício. Mas ninguém julga um viciado em internet. Na verdade, parece que todos são viciados em potencial; ou seja, todos correm o risco de abusar, uma hora ou outra, das ferramentas digitais para se isolar da vida e da conexão real com o outro.

Ao mesmo tempo em que a internet coloca o mundo inteiro ao alcance de sua mão — você pode até interagir com pessoas que, antes só via ao longe, na TV ou num palco — ela também permite que você "desligue" qualquer um que esteja enchendo a sua paciência, mesmo que seja sua mãe. Posso ignorar qualquer pessoa no WhatsApp, e depois falar "Que coisa, não vi sua mensagem! Meu celular deve estar com problema, isso fica acontecendo toda hora".

Não dá para desligar pessoas em relacionamentos reais, cara a cara. Na vida real, perguntas exigem respostas, chateações exigem reações.

Mas na internet, não. Posso fugir e ficar com a impressão de que está tudo bem.

Quando desligamos nossos smartfones e notebooks, o que sobra é alguém sozinho dentro de um quarto. Tristes, desconectados. Construir relacionamentos interpessoais na vida real exige de nós esforço, abnegação e renúncia que a atual geração parece não ter a disposição de investir. Quando deixamos a algoritmos a tarefa de nos conectar ao outro, eliminamos todas as incríveis experiências que teríamos na construção de relacionamentos reais. Sim, é difícil ter de dizer e ouvir certas coisas olho no olho, mas esse é o caminho que nos leva à maturidade, e nos faz viver em Feliz Cidade.

Então a popularidade é a solução!

Pode parecer que a resposta para a questão do isolamento é tornar-se popular. Angariar centenas de milhares de seguidores para o acompanhar nas tarefas mais triviais do dia pelo Snapchat ou Instagram.

A sociedade criada por George Orwell em seu livro *1984*, vigiada por câmeras 24 horas por dia, tornou-se realidade com as câmeras do celular. Diferentemente da ficção científica, o fim da privacidade não foi uma medida política, mas uma opção voluntária de cada pessoa que se alistou nas redes sociais e expõe diariamente sua vida por meio de vídeos, fotos e textos.

Hoje em dia, se quero saber o que alguma de minhas ovelhas está fazendo, não preciso telefonar para elas. Basta entrar no Twitter ou no Instagram que não só saberei o que estão fazendo como terei a localização e as fotos documentando tudo.

O excesso de exposição nos dá a falsa ideia de que estamos interagindo na vida real com amigos de verdade. É tudo muito concreto e sincero: a cara de sono na *live* tarde da noite; o suor escorrendo pela testa depois de um treino matinal. É tão real que parece que sentimos até o cheiro. No entanto, essa é uma falsa sensação, um grande engodo. As comunidades virtuais não constituem laços consistentes, nem relações relevantes. Você pode documentar suas lágrimas num vídeo e receber muitas mensagens de consolo nos comentários, mas nada disso supera o abraço apertado de um amigo.

FELIZ CIDADE

O excesso de exposição não nos torna mais reais. Em vez disso, nos deixa mais vulneráveis a ataques — reais, virtuais e espirituais. Não existe mais privacidade.

"A intimidade do SENHOR é para os que o temem", escreveu Davi (Salmos 25:14). Deveríamos usar o mesmo padrão para nossa intimidade: dedicá-la àqueles que se tornam dignos dela. Expor nossos segredos aos que não os merecem nos causa grande sofrimento e infelicidade. Por outro lado, praticar a discrição é uma demonstração de que somos sábios (Provérbios 5:2; 11:22; 19:11). Sábio é aquele que teme o Senhor (Provérbios 1:7). Andar em sabedoria e temor a Deus certamente fará seu Espírito, dentro de nós, pular de alegria.

DIÁRIO DE VIAGEM

Vamos fazer uma **PAUSA**, o que acha? Sente-se, peça uma **XÍCARA DE CAFÉ**. Enquanto espairece observando o movimento na Avenida da Felicidade, **REFLITA** sobre o que você viu por aqui.

Você tem buscado fazer coisas que alegrem o Espírito Santo na mesma proporção em que pede a Deus para lhe fazer coisas para alegrar a *você*?

Pense em três situações de interação no mundo real (tipo: torcer num estádio de futebol, estar na plateia de um show, participar de um coro, entre outras) que você *não* trocaria por qualquer tipo de interação virtual.

Qual é a rede social que você mais acessa? Quanto tempo você gasta diariamente nela? (Existem modos de monitorar o tempo que se gasta nos aplicativos do celular. Se você nunca fez isso, pesquise como pode ativar esse monitoramento. Garanto que irá se surpreender.)

Alguém já reclamou de você dar mais atenção ao celular do que à pessoa de carne e osso que está na sua frente? Como você pode ser mais sensível às necessidades reais que o cercam, em vez de fugir para o ambiente digital?

2. COLINA DA SANTIDADE — OS ALICERCES DE FELIZ CIDADE

Uma das coisas mais belas de Feliz Cidade é que ela está edificada sobre uma colina rochosa. É um fundamento sólido, durável e inabalável. Como todo alicerce, essa colina não é visível em todos os pontos, mas podemos perceber seus contornos nas subidas e descidas que tornam Feliz Cidade um lugar encantador.

E qual é a rocha que sustenta tudo isso? Chama-se Santidade.

A princípio, você pode achar que felicidade não tem nada a ver com ser santo. Penso que isso acontece porque o mundo tem ideias deturpadas sobre o que significa santidade (tanto quanto sobre o que significa ser feliz). Para o pensamento comum, o santo é alguém meio alienado da vida real. Ele não sente dores, nem tem necessidades. Nunca se descontrola e sempre tem aquele olhar apático das pessoas de uma pintura barroca. A impressão que se tem é que o santo não se altera se está feliz ou infeliz. Mas, veja só, há um Espírito que se importa em ficar triste, e se trata de um Espírito *Santo*.

Estamos tão acostumados a chamar a terceira Pessoa da Trindade de "Espírito Santo" que nem sempre percebemos que esta palavra — "Santo" — não é o sobrenome do Espírito que habita em nós, mas uma *característica* dele. Ele se define por sua santidade. E se a felicidade está na mira do Espírito Santo, nós podemos ser santos e felizes também.

Você já deve ter percebido, a essa altura da viagem, que o que o Senhor requer de nós é uma vida santa. E que ele deseja isso para o nosso bem, para desfrutarmos de sua presença e nos mantermos conectados a ele. No entanto, o que talvez pareça surpreendente é saber que a vontade de Deus para nós é que tenhamos uma vida santa *e* feliz — não um ou outro, mas as duas coisas. Com isso, não quero dizer que os santos têm prazer *somente* em atividades espirituais, como meditar na Bíblia e orar. Essas disciplinas são, sim, agradáveis e prazerosas para quem ama o Senhor, mas a Colina da Santidade tem muito mais a oferecer.

O segredo está em entender que os prazeres da vida que nos deixam felizes foram criados por Deus para cumprir dois propósitos: um imediato e outro maior. O propósito imediato do prazer é realmente o de satisfazer e agradar nossos sentidos. É o prazer de tomar um

FELIZ CIDADE

copo de água gelada quando o calor nos faz derreter, ou de beber uma xícara de café quando precisamos despertar.

Por outro lado, o propósito maior do prazer é o de apontar de volta para o seu Criador.

Vou explicar. Pense aí em algo que lhe dá prazer (algo lícito, ok?). Eu vou pensar em comida. Quando saboreio um belo prato de comida, que satisfaz meu paladar e também meu estômago, matando minha fome e suprindo minhas energias, posso sorrir e pensar: "Que delícia! Estou satisfeito. O Senhor me supriu com o alimento. A felicidade que estou sentindo agora, por estar saciado, é por causa do cuidado de Deus sobre mim. Obrigado, Senhor". Dessa forma, o prazer faz o ciclo completo: vem de Deus para a minha felicidade e desperta em mim gratidão e apreço que direciono de volta ao Senhor.

Assim, não é pecado ter prazer nem mesmo buscar coisas prazerosas! O pecado é *idolatrar* o prazer e tê-lo como finalidade última de sua vida. É não se voltar para Deus ao experimentar o prazer, mas se apegar àquilo com unhas e dentes. Os pecados ligados ao prazer — como gula, lascívia e bebedice, entre outros — não são pecaminosos por causa do prazer em si, mas porque estes foram elevados à categoria de ídolos, tornando-os substitutos fajutos do Criador.

Quando a gente fala em prazer...

...uma das primeiras coisas que vêm à mente é o sexo, não é mesmo?

A sexualidade é a área campeã de mal-entendidos em relação a prazer e santidade. Para muita gente, ser santo significa manter o celibato para o resto da vida; e sexo santo é tão chato quanto aula de Cálculo 3, com o propósito único de procriar. É lamentável que uma área tão importante para a vida humana em todos os sentidos tenha sido deturpada a ponto de "sexo" estar sempre ligado a "pecado", tanto para as pessoas de dentro como de fora da igreja.

Do alto da Colina da Santidade, podemos ver mais longe, e entendemos que foi Deus quem inventou o sexo, não Satanás. Tudo o que existe de bom só pode ter vindo do Senhor, "pois tudo o que Deus criou é bom, e nada deve ser rejeitado, se for recebido com ação de graças, pois é santificado pela palavra de Deus e pela oração" (1Timóteo 4:4-5).

Só o fato de ter sido criado por Deus já faz do sexo algo santo. Em Gênesis 1:28 lemos que Deus abençoou Adão e Eva e lhes disse: "Sejam férteis e multipliquem-se! Encham e subjuguem a terra!". Existe outra maneira de multiplicar nossa espécie sem ser por meio do sexo? Não. Ainda não é possível multiplicar pessoas com Ctrl+C Ctrl+V. Então, Deus agraciou a humanidade com a bênção do sexo.

Mas o sexo não tem o objetivo apenas de procriar. Ele também visa proporcionar prazer ao ser humano, quando praticado dentro de certos princípios.

Na Bíblia, um princípio é uma lei estabelecida por Deus. Quem transgrede os princípios, sofre consequências. No caso do sexo, o Senhor estabeleceu o princípio logo depois de ter apresentado Adão à Eva: "Por essa razão, o homem deixará pai e mãe e se unirá à sua mulher, e eles se tornarão uma só carne" (Gênesis 2:24). O interessante é que nem Adão nem Eva possuíam pai ou mãe. Sendo assim, o que Deus determinou naquele momento tinha valor universal para toda a humanidade, e não só para o primeiro casal. Tratava-se da vontade dele para a família: o homem deixa seus pais, sai de casa e se torna alguém responsável por si, ou seja, um adulto. Depois, esse homem se une à sua mulher, tornam-se uma só carne, e assim dão início a uma nova família.

Portanto, quando duas pessoas seguem o princípio de Deus para o sexo, não há pecado. Só há prazer. Prazer *santo*. O propósito de Deus para o sexo é cumprido, e o Senhor é, com isso, glorificado.

Porém, quando uma pessoa aprende o princípio divino para o sexo — ser desfrutado *apenas* no casamento — e tem dúvidas quanto a seguir o princípio ou não, ela está sendo alvo de uma ação de Satanás. A estratégia do Diabo sempre foi a de semear dúvidas em relação ao que Deus disse. Foi assim que ele agiu com Eva (veja Gênesis 3:1-4), e até mesmo com Jesus (confira Mateus 4:1-11). Pode ter certeza: se essa foi a estratégia que ele usou com seres que nunca haviam pecado, ele não vai agir de modo diferente comigo ou com você.

Satanás falou diretamente com Eva e com Jesus, mas hoje ele usa outras plataformas para chegar até nós. Uma delas é a cosmovisão da sociedade. É comum ouvirmos: "A preferência sexual é uma questão particular; temos de reconhecer essa preferência e aprender a respeitar as diferenças de cada um". Isso implica em que os valores morais dependem da vontade de cada pessoa. Assim, se for bom para você, se o faz feliz, está tudo bem, não importa se é ilegal, impróprio ou ilícito. Esse pensamento vai contra a Palavra de Deus e traz dúvida ao nosso coração de maneira sutil. Ele nos faz questionar se os mandamentos do Senhor realmente são o que há de melhor para nós.

Se a pessoa opta por não seguir a lei de Deus, ela está obedecendo a Satanás, acolhendo a dúvida e questionando a bondade do Senhor. Essa decisão sempre traz sequelas, pois é uma transgressão de um princípio divino. No caso do sexo praticado fora do limite estabelecido por Deus, ou seja, o casamento, estas são algumas das consequências:

- **Insegurança e ciúmes**. Quando uma pessoa quebra um princípio, ela pode quebrar qualquer outro; não há diferença entre pecados. Sabemos disso inconscientemente. Por isso, quando desobedecemos ao princípio divino para o sexo, sentimo-nos inseguros, pensando: "Se ela (ou ele) já teve relações sexuais comigo, pode fazer (ou ter feito) isso com outra pessoa". A fim de atenuar esse sentimento, buscamos cercar a pessoa e mantê-la sob nosso controle, ao nosso alcance. Tornamo-nos possessivos, controladores e ciumentos. É um ciclo vicioso, uma prisão. Desconfiamos sempre do outro e nunca temos paz.
- **Ligações de alma traumatizantes**. O ato sexual é uma aliança de sangue, com implicações no mundo espiritual. Quem o pratica se liga emocionalmente à outra pessoa. Se a relação acaba, a aliança é rompida, o laço é rasgado. Emoções e sentimentos ficam fragmentados, pois uma parte de cada um que participou da relação passa a pertencer ao outro. Segue-se a isso uma terrível sensação de vazio e incompletude que, se não tratada do devido modo, pode respingar e atrapalhar futuros relacionamentos, mesmo que pautados pela santidade.
- **Sentimento de culpa**. Entristecido, o Espírito Santo nos convence do pecado (João 16:8). Esse convencimento, se imediato ou processual, depende muito de como cada uma de nós recebe a informação. Mas a sensação de culpa é inevitável. O peso que o

pecado traz dura mais que o prazer que ele proporciona. É como se você tomasse um sorvete de esterco com cobertura de chantili. No começo é até gostoso, mas, quando se chega ao recheio, é horrível. Quando não confessamos sinceramente o pecado, tornamo-nos escravos da culpa.

- **Autodepreciação**. É natural que a pessoa oprimida pelo peso do pecado, da culpa e de uma ruptura emocional veja seu valor próprio sob uma ótica distorcida. Com isso, submete-se a situações cada vez piores na área sexual. Citando a imagem de Salmos 42:7, "um abismo chama outro abismo". O critério e o conceito da pessoa vão caindo, e ela se destrói aos poucos, até que perca totalmente a alegria de viver.

- **Banalização do amor**. A frase "fazer amor" é um jeito poético de falar "fazer sexo". No entanto, muito pouco do sexo que rola na mídia tem a ver necessariamente com amor. Isso leva a uma enorme confusão do que é amor e o que é sexo. Quando a pessoa acha que os dois significam a mesma coisa, acaba entendendo que a única forma de expressar o amor por alguém é entregando-se sexualmente.

- **Gravidez indesejada**. Geralmente a relação sexual pré-nupcial entre jovens cristãos ocorre de maneira não planejada ou mal planejada, e literalmente desprotegida. Os métodos anticoncepcionais não são vetados pela igreja evangélica, mas o único que aprovamos antes do casamento é a abstinência sexual. Com isso, infelizmente, é comum haver casos de gravidez indesejada entre casais imaturos e jovens demais. Digo "infelizmente" não porque a gravidez seja ruim, mas porque há um tempo oportuno para todas as coisas debaixo do céu, como nos ensina a Palavra de Deus (veja Eclesiastes 3:1). A Bíblia diz que os filhos são herança e bênção; todavia, fora do casamento, e com pessoas muito novas, eles causam uma mudança drástica e até traumática que, dada à pouca idade, os jovens pais ainda não estão preparados para encarar. O peso recai principalmente sobre a mulher. Em uma sociedade machista como a brasileira, a jovem carrega o maior fardo de perseguição e acusação, além de todas as implicações biológicas de uma gestação fora de hora.

FELIZ CIDADE

- **Transmissão de doenças**. O casamento oferece o ambiente mais seguro do mundo para a prática sexual. Fora dele, situações como doenças sexualmente transmissíveis se tornam possíveis, e não são raras. Maiores são os riscos da pessoa que tem relações sexuais sem critérios e com vários parceiros.

Há quem ensine, até em igrejas, que é aceitável haver toques sexuais entre pessoas unidas por um "compromisso" mútuo, desde que o ato sexual não se consuma. A Bíblia, no entanto, não dá respaldo a tal ensino. Em vez disso, o que lemos é:

> A vontade de Deus é que vocês sejam santificados: abstenham-se da imoralidade sexual. Cada um saiba controlar o seu próprio corpo de maneira santa e honrosa, não dominado pela paixão de desejos desenfreados, como os pagãos que desconhecem a Deus. Neste assunto, *ninguém prejudique seu irmão nem dele se aproveite*. O Senhor castigará todas essas práticas, como já lhes dissemos e asseguramos. Porque Deus não nos chamou para a impureza, mas para a santidade. Portanto, aquele que rejeita estas coisas não está rejeitando o homem, mas a Deus, que lhes dá o seu Espírito Santo (1Tessalonicenses 4:3-8).

Aqui, novamente, Paulo desafia os crentes à santidade. "Prejudicar seu irmão" e "dele se aproveitar" é promover nele um desejo ou demanda que você é incapaz ou não pode satisfazer. As palavras "prejudicar" e "aproveitar" podem ter vários sentidos, mas dentro do contexto em que Paulo as usa, falando de imoralidade e desejos do corpo, ambas possuem uma conotação estritamente sexual.

Quando há prejuízo? No caso do namoro, por exemplo, ele ocorre quando um excita o outro por meio de carícias. Como não pode consumar o ato sexual antes do casamento, o casal já sofreu prejuízo — e consumar o ato leva os namorados a situações mais complicadas, que mencionamos logo acima. Da mesma forma, postar uma foto sensual nas redes sociais, mandar nudes, trocar mensagens picantes e coisas do tipo também são atitudes que podem levar à excitação sexual, mas sem a satisfação do desejo. Tanto no mundo real como no virtual, comportamentos que prejudiquem o outro na área sexual receberão o castigo de Deus, conforme escreveu Paulo.

Existem beijos, abraços, fotos, mensagens e conversas que não combinam com um namoro santo. Você conhece seu limite; se não sabe, procure descobri-lo antes de aventurar-se nessa área. Exija ser respeitado. Manter a santidade sexual é a única maneira de garantir sua felicidade nessa área.

De igual modo, respeite os limites do outro em sua relação. O que para você não traz prejuízo nenhum pode, talvez, despertar fortes sensações no outro, algo com o que tem dificuldade de lidar.

O mundo pressiona os jovens a manterem um namoro sexual, e taxa os cristãos de antiquados, puritanos ou fora da moda. No entanto, a vida mostra que tanto o sexo como o estímulo sexual fora de hora só geram destruição, dor e insegurança. Sem dúvida, essa é uma área que apresenta grandes desafios, mas vencer as tentações é plenamente possível se você buscar o socorro do Espírito Santo. Ele o capacitará a fazer aquilo que alegra o coração de Deus, e que certamente alegrará seu coração.

A imoralidade digital

Não é possível praticar sexo pela internet. O que alguns chamam de "sexo virtual" nada mais é que um estímulo para a imoralidade. Mas isso não significa que o mundo on-line é um terreno seguro em termos de sexualidade. Longe disso! Todo o ambiente digital está saturado de apelos para a sexualidade exacerbada, patrocinados pela indústria do sexo, do entretenimento, ou mesmo por indivíduos. É um terreno fértil para a imoralidade, com aberrações tão grotescas quanto é capaz de sonhar uma mente obscurecida e dessensibilizada pelo pecado.

Em termos gerais, os convites on-line à imoralidade geralmente instigam à pornografia e/ou ao adultério.

Num passado não muito distante, acessar pornografia envolvia uma logística complicada e constrangedora. Requeria ir a uma banca de revista, a uma locadora de vídeos (uma espécie de Netflix físico), ou a um *nightclub*. Em qualquer opção, a pessoa teria de interagir com um mediador: o cara da banca, o dono da locadora, o segurança do clube. Não tinha como ficar no anonimato. É verdade que nada disso

FELIZ CIDADE

atrapalhava quem estava decidido a consumir pornografia, mas é indiscutível que esse excesso de pessoas e exposição no meio do caminho inibia alguns.

Hoje, esses obstáculos não existem mais. O portal que dá entrada a tudo que há de pior no mundo da sexualidade está a um clique de distância e pode ser acessado no conforto do seu lar, na privacidade do seu quarto.

Não são poucos os atendimentos que faço a jovens cristãos que estão presos no mundo da pornografia. Satanás tem sapateado na vida deles por meio de sites pornográficos e outros meios digitais. Muitos têm ficado escravizados, e suas mentes estão cheias de fortalezas de difícil acesso. É um flagelo que parece não ter fim. Para cada um deles, tenho a mesma fala: "Não deem lugar ao Diabo".

Uma das grandes mentiras que os interessados em pornografia ouvem (não sei se dos outros, de Satanás ou de si mesmos, mas é incrível como a mentira se repete) é que só olhar não faz mal. Muitos creem que é menos pecado assistir à prostituição sendo praticada por terceiros do que se envolver ativamente com ela.

Jesus desmascarou essa mentira muito antes de o primeiro site pornográfico entrar no ar, séculos antes de o primeiro vídeo ser rodado, quando disse: "Vocês ouviram o que foi dito: 'Não adulterarás'. Mas eu lhes digo: Qualquer que olhar para uma mulher para desejá-la, já cometeu adultério com ela no seu coração" (Mateus 5:27-28). Não poderia ter sido mais claro. Não é preciso que um pecado sexual se torne "físico" para acontecer. Não é necessário que um homem se deite com uma mulher que não é sua esposa para cometer imoralidade. Basta desejá-la, cobiçá-la e pronto, o pecado já se consumou.

Todas essas práticas imorais no sentido sexual recebem na Bíblia um único nome: *porneia*. Essa palavra grega deu origem à palavra "pornografia" em português. Ela é um dos inimigos mais poderosos de Feliz Cidade, pois mobiliza ataques de artilharia pesada contra a Colina da Santidade. Seu objetivo é realmente abalar as estruturas com a falsa promessa de que o que ela oferece é felicidade verdadeira. Mas nunca é.

A Bíblia condena fortemente a imoralidade por se tratar de um ataque à habitação do Espírito Santo: o corpo humano.

O corpo, porém, não é para a imoralidade, mas para o Senhor, e o Senhor para o corpo.

Fujam da imoralidade sexual. Todos os outros pecados que alguém comete, fora do corpo os comete; mas quem peca sexualmente, peca contra o seu próprio corpo. Acaso não sabem que o corpo de vocês é santuário do Espírito Santo que habita em vocês, que lhes foi dado por Deus, e que vocês não são de si mesmos? Vocês foram comprados por alto preço. Portanto, glorifiquem a Deus com o seu próprio corpo (1Coríntios 6:13,18-20).

Às vezes pensamos que, por ser espírito, o Espírito de Deus se entristece apenas com práticas que danifiquem nossa alma e nosso coração. De modo algum. No texto acima, Paulo diz com todas as letras que o corpo é para o Senhor. Isso mesmo. Não é a alma ou o espírito que são para o Senhor, mas o seu corpo! Suas mãos, seus pés, seus dedos — todo ele! A felicidade do Espírito — e a nossa — se mantém quando preservamos nosso corpo em santidade, fugindo do que é imoral e impróprio.

Deslogando da imoralidade

Existem algumas dicas básicas para fugir da imoralidade on-line ou off-line:

- Evite acessar a internet sozinho. Não quero dizer que é proibido fazer isso. O fato é que quando estamos sozinhos, fazemos coisas que não faríamos na presença de outras pessoas. Assim, não fique de bobeira navegando sozinho no seu quarto. Busque usar seus *gadgets* em ambientes públicos ou em cômodos da casa que são de uso comum.
- Evite navegar tarde da noite ou de madrugada. Mesmo portais de notícias aproveitam-se dessa hora para divulgar notícias e fotos com forte apelo à imoralidade. As propagandas patrocinadas durante esse horário também seguem a mesma tendência.
- Evite conversinhas que não vão dar em nada, principalmente nas redes digitais, uma vez que esse tipo de conversa é mais difícil de rolar olho no olho. Você sabe quando a pessoa não quer só ser sua

FELIZ CIDADE

amiga. Alimentar um papo mole pode dar espaço a provocações e muito prejuízo. Por outro lado, se a ideia é começar um relacionamento, os canais digitais são a *pior* opção. Esse é um assunto para ser tratado cara a cara.

• Se você luta contra a pornografia, não tente vencer isso sozinho. Busque ajuda. Manter sigilo, nesse caso, será mais um obstáculo do que uma ajuda. A cura e a libertação vêm quando o pecado é colocado às claras.

Cultivar o segredo nesse assunto mantém muitas pessoas como reféns do pecado. Aparentemente, a vida delas vai de vento em popa. Elas estão envolvidas em ministérios e parecem ser alvos constantes das bênçãos de Deus. Porém, se vivem em pecado, sem confissão, estão desconectadas do Senhor. Se você reconhece que a prática da imoralidade tem trazido tristeza ao Espírito Santo e a você mesmo, confesse-a. Bote para fora, dê nome ao pecado que o aprisiona. Lembre-se de que Deus não se escandaliza com o que é revelado — o que o enfurece é o que está oculto. Creia nesta afirmação: "Eu lhes perdoarei a maldade e não me lembrarei mais dos seus pecados" (Hebreus 8:12).

Aproveite a vista aqui no alto da Colina da Santidade para refletir no que você **APRENDEU PELO CAMINHO**.

Você já se sentiu tentado a fazer alguma atividade imoral no ambiente digital, algo como sensualizar numa foto para postar depois, manter uma conversinha boba com alguém do sexo oposto, ou até assistir a um vídeo pornográfico? Qual foi a ocasião? O que o estimulou a se engajar nessa atividade?

Você acredita que os *influencers* que você acompanha nas redes digitais, ou até os amigos que você segue, apelam de alguma forma para a sensualidade, ou para a sexualidade? Você já se pegou copiando as poses ou palavras dessas pessoas em suas próprias publicações?

Se você fosse adicionar Jesus à rede social que você mais usa, você pensaria em apagar alguma coisa que está postada lá, ou está convencido de que tudo é apropriado? (Essa pergunta é uma pegadinha, porque não precisa adicionar Jesus para que ele tenha acesso aos seus posts!)

3. CORREIO REDENÇÃO — ENTREGA GARANTIDA!

Seja bem-vindo ao último marco de nosso passeio por Feliz Cidade: o Correio Redenção. Sua função em Feliz Cidade é garantir a chegada de promessas divinas aos cidadãos por meio de um selo único.

Qual foi a última vez que você pegou um selo? Esse é um objeto raro nos dias de hoje. As telecomunicações, sem dúvida, facilitaram a troca de informações, de modo que é cada vez mais incomum, e até inconveniente, mandar uma carta. E mesmo as cartas enviadas pelo correio quase não possuem mais selo físico. Elas portam um carimbo impresso com as informações necessárias para a postagem.

Num passado recente, o selo grudado na carta possuía o propósito de pagar a postagem, o que garantia que a carta seria entregue ao destino indicado. No mundo antigo, porém, o uso do selo era bem mais interessante.

O selo, em primeiro lugar, não se tratava da figurinha colada no envelope; ele se parecia muito mais com a marca que os agropecuaristas queimam em seu gado para identificá-lo. Naquela época remota, comerciantes, governantes e outras pessoas com certo prestígio possuíam sinetes (uma espécie de carimbo) ou anéis de sinete com os quais lacravam suas cartas e remessas. Como não havia cola nem fita adesiva, os envelopes eram fechados com cera, e sobre ela o remetente pressionava seu sinete, deixando ali uma marca. Essa impressão tinha dois objetivos: o primeiro era identificar o remente da carta ou da remessa. Lembre-se que na época não havia caneta esferográfica para colocar o nome no envelope. As informações do remetente — que era considerado o *proprietário* da remessa — estavam impressas no lacre, pois cada sinete trazia informações particulares do remente como, por exemplo, o brasão da família. O segundo objetivo do selo era garantir que a carta chegaria inviolada até seu destino. A cera fechava o pacote, mas nada garantia que ele não pudesse ser aberto e lacrado de novo. A impressão do selo, todavia, tornava impossível violar o conteúdo sem que o destinatário percebesse.

Em Feliz Cidade, o selo que está sobre cada morador é o Espírito de Deus, conforme Efésios 4:30. O Espírito Santo é o lacre que cada cristão carrega, indicando quem é o seu proprietário e qual é seu destino. Ele nos foi dado pelo Pai por meio de Cristo (Efésios 1:13), atestando a nós e ao mundo que somos propriedade dele (1Pedro 2:9). Se o Espírito de Deus habita nosso corpo, temos de estar plenamente convictos que pertencemos ao Senhor — não como um pacote, mas como filhos (Romanos 8:15, Gálatas 4:6). Essa é uma certeza inviolável, intransferível e irrevogável.

Esse selo também garante que chegaremos intactos ao nosso destino, o "dia da redenção".

Este é o dia em que o virtual se tornará real. É incrível o quanto a história da redenção caminha na contramão da evolução tecnológica. A humanidade se tornou cada vez menos analógica, e cedeu mais espaços ao que é digital. Muita gente, aliás, não aprendeu a ver as horas num relógio analógico, tamanha a dependência do digital.

Como geração, estamos nos afastando do que é concreto e deixando-nos seduzir pelo holográfico, pelo virtual, pelo projetado. Não percebemos, porém, que tudo o que a tecnologia nos transmite, por meio dos bits e bytes, se resume a conteúdo mediado, e não ao real. Ao ver uma linda foto de uma ave em pleno voo, você não está vendo a ave de verdade. É só uma porção de pixels compondo uma imagem. Você não vê o movimento, o reflexo das cores interagindo com o sol sobre a plumagem do animal.

Da mesma forma, quando você ouve música pelo seu serviço de *streaming*, está escutando uma mera reprodução gravada. Por melhor que sejam os seus fones de ouvido, eles são incapazes de reproduzir coisas que só seu ouvido consegue captar, estando no ambiente em que o som está sendo produzido e participando, com sua presença e emoções daquela situação.

É triste o quanto nos satisfazemos com o virtual, com o que chega até nós por meio de terceiros, quartos ou quintos. Abdicamos de experiências para ter apenas informações. Damos largos passos na direção do futuro, sendo alimentados somente por situações do passado, as quais não vivemos pessoalmente, mas que nos chegam embrulhadas numa bela capa tecnológica.

A história da redenção é o inverso disso. Ela caminha a partir do futuro, e não do passado. O cristão vive à luz do que ele será, e não de quem foi. De igual modo, o que antes era "virtual", não palpável, na nossa relação com Deus, está se tornando cada vez mais real e palpável na medida em que a história marcha para o seu desfecho. Promessas vão se cumprindo. Predições estão acontecendo. Virá, então, o dia da redenção, em que tudo o que está apenas projetado por meio de palavras nas Escrituras ganhará corpo. Seria como se a bela ave da foto que você viu no celular começasse a piar e saltasse para fora da tela.

Essa imagem futura, que se encarna mais e mais a cada dia, é o que deve nos incentivar a buscar uma vida plena em Feliz Cidade, a preservação da alegria do Espírito e de nossa santidade.

A alegria do Espírito passa pelo seu corpo

Como vimos na Colina da Santidade, nosso corpo possui valor especial para Deus: "o corpo é para o Senhor, e o Senhor para o corpo". Uma das principais mentiras que assola a igreja ocidental é a de que há uma divisão entre corpo e alma, e de que a espiritualidade atinge apenas a parte metafísica do ser humano. O físico, o material — nossos órgãos, nossos cabelos e unhas, nossa existência física — não teriam qualquer importância para Deus.

Trata-se de uma mentira, porque além de Deus ter preferido esta carne para habitar — a Bíblia deixa bem claro que ele habita nosso *corpo*, e não nossa *alma* (veja 1Coríntios 6:19, Tiago 4:5) — também temos a promessa de que nosso corpo será redimido no dia da redenção.

Considere Jesus após a ressurreição. Mateus nos relata que depois que as mulheres saíram do jardim do sepulcro, Jesus foi ao encontro delas, e elas *abraçaram seus pés* (Mateus 28:9). Já ouvi falar de fantasma que puxa o pé de alguém, mas nunca de pessoas abraçando o pé de um fantasma! Elas abraçaram seus pés porque Jesus não era um fantasma.

Os discípulos se mostraram menos crentes que as mulheres quando viram o Senhor. Eles provavelmente estavam em um recinto fechado quando Jesus apareceu no meio deles. Lucas conta que ficaram assustados e com medo, pensando que estavam vendo um espírito. O Senhor então, mostra diversas provas de que eles estavam diante de algo real:

Ele lhes disse: "Por que vocês estão perturbados e por que se levantam dúvidas no coração de vocês? Vejam as minhas mãos e os meus pés. Sou eu mesmo! Toquem-me e vejam; um espírito não tem carne nem ossos, como vocês estão vendo que eu tenho".

Tendo dito isso, mostrou-lhes as mãos e os pés. E por não crerem ainda, tão cheios estavam de alegria e de espanto, ele lhes perguntou: "Vocês têm aqui algo para comer?" Deram-lhe um pedaço de peixe assado, e ele o comeu na presença deles (Lucas 24:38-43).

A prova final da ressurreição do corpo foi o Jesus ressurreto, com um corpo glorificado, comendo um filé de tilápia com os discípulos em Jerusalém. Isso me enche de expectativas quanto ao que comeremos no céu!

Muitas vezes negligenciamos o cuidado com o corpo por acreditar que o que importa é o espiritual. Sim, é importantíssimo. Mas o corpo é do Senhor tanto quanto o espírito. Devemos cuidar de um sem descuidar do outro.

O cuidado do corpo vai além do físico

O relacionamento que a tecnologia oferece para o corpo é desequilibrado. Ao mesmo tempo em que supermáquinas e microchips são capazes de alongar em décadas a saúde das pessoas, um simples objeto como o smartphone é capaz de roubar muito da vitalidade de um indivíduo.

O primeiro aspecto em que isso acontece é na mente. Lidamos com informações em excesso, cortesia da revolução tecnológica. Diz-se que, hoje, crianças de 7 anos têm mais informação com a qual lidar do que o imperador tinha no auge de Roma.[11] E no começo da era digital, na virada do século, uma única edição de um jornal como o *The New York Times* já continha mais conteúdo do que uma pessoa comum poderia receber durante toda a vida na Inglaterra do século 17.[12] "Ler e aprender sempre foi tido como algo bom, algo que deveríamos fazer cada vez mais. Não sabíamos que haveria um limite para isso. Está acontecendo com a informação o que já aconteceu com o hábito alimentar. Em vez de ficarmos bem nutridos, estamos ficando obesos de informação".[13]

194   DESCONECTE-SE

Achamos que ter mais conhecimento nos deixa mais bem munidos para tomar decisões, fazer escolhas. Mas temos visto que ocorre justamente o contrário. Nosso cérebro é incapaz de lidar com o fluxo de dados e fatos que nos assediam diariamente. Fomos criados para lidar com uma coisa por vez — é o que compreendo a partir do poema de Salomão sobre o tempo, segundo o qual há a hora certa de lidar com o luto, e a hora certa de lidar com a festa; hora certa de guardar coisas, e a hora certa de se desfazer delas, e por aí vai (veja Eclesiastes 3:1-8). Hoje, contudo, não há mais hora certa para nada. Ao mesmo tempo em que lemos uma notícia chocante relacionada a uma tragédia, no canto da tela piscam propagandas de lojas virtuais nos oferecendo um desconto imperdível, e no outro surgem notificações de redes sociais. Não processamos o luto, não celebramos a vitória. Vivemos, de modo pasteurizado, todas as emoções ao mesmo tempo. O resultado disso é o esgotamento físico e mental de nosso corpo, como coloca o psicólogo e psiquiatra Augusto Cury:

> Todos os povos, todas as culturas, principalmente nessa sociedade moderna e digital, esgotam dramaticamente o cérebro e provocam uma série de sintomas. Por exemplo, toda vez que a pessoa acorda cansada, ela está com esgotamento cerebral, está com uma mente hipertensa, que furta a tranquilidade, a serenidade e a capacidade de se refazer. Dores de cabeça e musculares, bem como taquicardia e queda de cabelo, são sintomas que representam o grito de alerta de bilhões de células expressando que o cérebro está esgotado.[14]

O desejo por saber mais foi o que motivou a mordida no fruto proibido. O primeiro casal julgou que o conhecimento lhe concederia a posição de divindade. Sabedores de tudo, não precisariam mais se submeter à onisciência do Criador. No entanto, assim que a fruta bateu no estômago e seus olhos se abriram, Adão e Eva experimentaram a ansiedade que decorre do excesso de informação: "Os olhos dos dois se abriram, e perceberam que estavam nus; então juntaram folhas de figueira para cobrir-se" (Gênesis 3:7). Quanto mais estamos sabendo, mais percebemos que ainda há algo para se saber. E isso nos consome. Sentimos vergonha de dizer "Não sei", seja sobre o último YouTuber da moda, seja a respeito da geopolítica do Nepal. Então cobrimos nossa ignorância com as folhas de figueira do embromation. Saber mais é, ao mesmo tempo, nosso desejo e nosso carrasco. Esgotamos nosso cérebro e nossos olhos na avidez de não ficar para trás, mas ironicamente desconhecemos o custo que tanta informação gera para nós.

A mente está doente, mas não para nem um segundo

Outro mal associado ao excesso de informações é a hiperatividade. Estimuladas de maneira exagerada e precoce, através de muitas interações on-line, em jogos, conversas, vídeos, posts e tudo mais, as pessoas estão incapazes de ficarem paradas em uma sala de aula, em um sermão de domingo, em um funeral. Os professores estão reféns da hiperatividade dos alunos, muitos dos quais já são medicados desde cedo com drogas controladas. O cérebro foi requisitado além do normal. Com isso, as pessoas têm se tornado inquietas, muito ativas, sempre alertas, incapazes de conviver com o silêncio. Precisam preencher todo o espaço com sons, seja o de sua própria voz, seja o de músicas e vídeos; bem como precisam ocupar-se com quaisquer atividades, o que as leva a agir de forma impulsiva.

Vejo isso na minha própria casa. Meus filhos são fissurados em tecnologia. Vivem atrás de um jogo no computador, no console de videogame ou em um celular. Se não houvesse um rigoroso limite de acesso a essas tecnologias, certamente a coisa já estaria bem complicada.

Recente, uma pesquisa da Universidade do Sul da Califórnia, EUA, verificou que existe uma relação entre as múltiplas distrações oferecidas pela tecnologia e uma incidência maior de Transtorno do Déficit de Atenção com Hiperatividade (TDAH).[14] Como na história do ovo e da galinha (quem veio primeiro?), os pesquisadores não souberam definir se o abuso das mídias digitais aumenta o risco de TDAH ou se portadores do transtorno são mais propensos a recorrer a elas. Porém, seja como for, há uma correlação, que é significativa.[15]

Colocar limite para o acesso a redes sociais, jogos on-line, sites e afins não é uma simples decisão de desacelerar, algo que está na moda. Trata-se de uma escolha emergencial, com profundas implicações espirituais. A falta de critério tem criado uma geração de pessoas escravizadas pelo ativismo e pela ansiedade. Como cristãos, porém, devemos zelar pela nossa liberdade acima de tudo: "Foi para a liberdade que Cristo nos libertou. Portanto, permaneçam firmes e não se deixem submeter novamente a um jugo de escravidão" (Gálatas 5:1). Qualquer coisa que nos aprisione deve ser combatida com toda força, seja física, espiritual ou virtual.

Jesus já se antecipou ao perigo de desrespeitar a velocidade natural das coisas, ao risco da precipitação, da agitação, da antecipação. Ele disse:

> Quem de vocês, por mais que se preocupe, pode acrescentar uma hora que seja à sua vida? [...] Vejam como crescem os lírios do campo. Eles não trabalham nem tecem. Contudo, eu lhes digo que nem Salomão, em todo o seu esplendor, vestiu-se como um deles (Mateus 6:27-29).

Observando a criação, vemos que Deus estabeleceu um ritmo saudável para fazer a sua obra. Devemos desejar, buscar e viver esse harmonioso ritmo em nossa vida.

SUB

Antes de irmos embora, vou lhe contar um segredo: se desconectar não fará de você alguém mais feliz.

Várias pessoas já fizeram o teste de ficar uma semana, um mês, um ano vivendo totalmente off-line, e depois, quando voltaram à "civilização", divulgaram seus achados. O que a maioria relata é que, com o passar dos dias, elas encontraram outras coisas para lhes roubar o tempo que a internet consumia. Elas não fizeram mais atividades ao ar livre, como esperavam, não saíram mais vezes com os amigos, não foram dormir mais cedo, não se alimentaram melhor, nem repararam nas árvores pela calçada.

Isso mostra que a internet não "criou" novos problemas — pecados, doenças, disfunções. O que ela fez foi exacerbar e trazer para fora tendências que estavam em nosso próprio coração, e o fez na velocidade de milhares de gigabytes por segundo. Em uma de muitas pesquisas feitas acerca da dependência da internet, os especialistas concluíram que a propensão para a dependência está no indivíduo, e não na internet. Ela é tão viciante quanto soltar pipa, lavar as mãos e outras atividades corriqueiras. "A internet, por sua natureza sedutora (pelo novo, moderno...), pode estimular o acesso excessivo, mas, geralmente, só ficam adictos os sujeitos psicologicamente propensos".[16]

A jornada pela desconexão seria um fracasso se ela se resumisse a dizer que devemos nos desconectar porque isso faz mal e nos deixa infelizes. Seu propósito é mais fundo que esse. Ela nos convida a refletir sobre o porquê fazemos o que fazemos. Por que eu estou nas redes digitais? Por que eu durmo com o celular do lado (em cima, embaixo, dentro) do travesseiro? Por que sigo Fulano ou Sicrano?

O Alto Chamado com o qual começamos nossa jornada nos indica que a vida em Feliz Cidade é uma existência intencional. O cristão busca o relacionamento com o Espírito, ele não espera agradar a Deus de tabela. "Vou viver desse jeito que sempre vivi; se tiver sorte, Deus vai gostar também". Tratamos muitas coisas dessa maneira, informal e casual. Porém, se desejamos uma vida plena, on-line e off-line, ela tem de ter como centro o relacionamento para o qual fomos chamados pelo Pai, abençoados pelo Filho e selados com o Espírito.

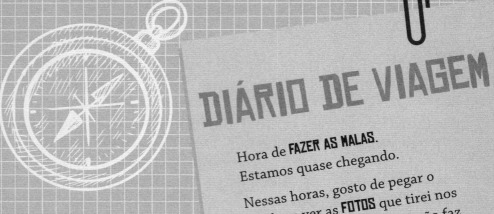

DIÁRIO DE VIAGEM

Hora de **FAZER AS MALAS**. Estamos quase chegando.

Nessas horas, gosto de pegar o celular e ver as **FOTOS** que tirei nos últimos dias. Por que você não faz o mesmo?

O que aconteceu de legal em Feliz Cidade?

Faça o teste de ficar um único dia sem seu celular a tiracolo. Pode ser no fim de semana, ou num dia em que não vai fazer tanta falta. Mas faça isso de forma consciente, reparando no seguinte:

Em quais momentos eu busco o celular por puro reflexo? É quando tenho que esperar alguma coisa? Na hora da refeição? No banheiro? Que aplicativo eu provavelmente estaria usando neste momento?

Alguma vez durante esse dia off-line eu cheguei a ouvir (juro que foi verdade!) meu celular tocando, ou cheguei até mesmo a senti-lo vibrando no meu bolso (onde ele não estava)?

No que eu reparei nessas horas em que fiquei sem o celular?

Qual momento eu REALMENTE precisei do celular? Era para fazer o que? Eu poderia ter resolvido isso de outra forma? Eu precisei dele tantas vezes assim?

Notas

1. CORDEIRO, Tiago. "Karnal, Clóvis, Cortella e o sucesso da filosofia de autoajuda". Disponível em: <www.gazetadopovo.com.br/ideias/karnal-clovis-cortella-e-osucesso-da-filosofia-de-autoajuda-3cklpd13qknpmu4l6tqe9xsyw/>. Acesso em: 24 jun. 2019.

2. GAARDER, Jostein. *O mundo de Sofia*. São Paulo: Companhia das Letras, 2001, p. 25.

3. LOPES, Edson Pereira. *Filosofia da religião*: estoicismo romano e o pensamento cristão dos primeiros séculos. *Ciências da Religião – História e Sociedade*, v. 8, n. 1, 2010, p. 24. Disponível em: <editorarevistas.mackenzie.br/index.php/cr/ article/view/2102>. Acesso em: 20 jun. 2019.

4. GAARDER, Jostein. *O mundo de Sofia*. São Paulo, Companhia das Letras, 2001, p. 147-148.

5. ASSMANN, Selvino José. *Estoicismo e helenização do cristianismo*, p. 35.

6. GAARDER, Jostein. *O mundo de Sofia*. São Paulo, Companhia das Letras, 2001, p. 149.

7. LOPES, Edson Pereira. Filosofia da religião: estoicismo romano e o pensamento cristão dos primeiros séculos. *Ciências da Religião – História e Sociedade*, v. 8, n. 1, 2010, p. 23. Disponível em: <editorarevistas.mackenzie.br/index.php/cr/ article/view/2102>. Acesso em: 20 jun. 2019.

8. "Verbo" é um dos nomes da 2ª Pessoa da Trindade: "E o Verbo se fez carne, e habitou ente nós" (João 1:14, ARA). Esse Verbo é "o resplendor da glória de Deus e a expressão exata do seu ser, sustentando todas as coisas por sua palavra poderosa" (Hebreus 1:3).

9. SÁ, Gustavo Malafaya. À frente do computador: a Internet enquanto produtora de dependência e isolamento. p. 137. Disponível em: <ler.letras.up.pt/uploads/ficheiros/10761.pdf>. Acesso em: 3 jun. 2019.

10. FOLHA DE S. PAULO. Uma rede de solidão. Disponível em: <www1.folha.uol.com.br/fsp/opiniao/fz2002200002.htm>. Acesso em: 25 jun. 2019.

11. Segundo Augusto Cury, em entrevista para o portal Gauchazh. Disponível em: <gauchazh.clicrbs.com.br/geral/noticia/2016/03/augusto-cury-nossas-criancasestao-todas-adoecendo-4998094.html>. Acesso em: 26 jun. 2019.

12. DIMENSTEIN, Gilberto Dimenstein. A dor de nunca saber o bastante. Disponível em: <www1.folha.uol.com.br/folha/dimenstein/imprescindivel/semana/gd020901a090901.htm>. Acesso em: 26 jun. 2019.

13. Ibidem.

14. Augusto Cury, em entrevista para o portal Gauchazh.

15. O TDAH é considerado um transtorno neurobiológico e comportamental que se manifesta principalmente na infância e na adolescência. Ele é caracterizado pela falta de concentração associada a outros fatores, como impulsividade e hiperatividade. Não se trata simplesmente de agitação, mas de indivíduos cujo desenvolvimento é seriamente comprometido por serem incapazes de manter o foco da atenção.

16. OLIVETO, Paloma. "Uso excessivo da Internet aumenta riscos de adolescentes desenvolverem TDAH". Disponível em: <www.correiobraziliense.com.br/app/noticia/ciencia-e-saude/2018/07/18/interna_ciencia_saude,695615/excesso-deinternet-leva-ao-desenvolvimento-de-hiperatividade.shtml>. Acesso em: 26 jun. 2019.

17. SÁ, Gustavo Malafaya. *À frente do computador*, p. 145.

VOCÊ CHEGOU AO SEU DESTINO

Uma boa jornada nos proporciona boas conversas, muito aprendizado, experiências interessantes. Acima de tudo isso, porém, ela deve nos conduzir a algum lugar. Ficar andando em círculo não faz de ninguém um viajante, mas uma pessoa bem perdida.

Rodamos por seis cidades fantásticas para chegar até aqui. E aonde chegamos? Deixemos Paulo nos conduzir mais uma vez:

> Sejam bondosos e compassivos uns para com os outros, perdoando-se mutuamente, assim como Deus os perdoou em Cristo.
>
> Portanto, sejam imitadores de Deus, como filhos amados, e vivam em amor, como também Cristo nos amou e se entregou por nós como oferta e sacrifício de aroma agradável a Deus (Efésios 4:32—5:2).

Paulo termina sua série de instruções aos efésios focando em relacionamentos. É este o nosso destino também. O objetivo de nossa jornada pela desconexão e pela vida é cultivar relacionamentos que durem pela eternidade. Tanto com o Criador como com as criaturas.

Este é o destino para o qual fomos criados: desfrutar de uma conexão profunda com o Senhor e com nosso semelhante. Relacionar-se está no DNA de qualquer ser humano. É claro que as pessoas não se relacionam da mesma forma; mas seja como for, essa é uma necessidade básica da humanidade. A internet, na verdade, aponta para isso. Ela oferece inúmeras formas de nos conectarmos, ultrapassando inúmeras barreiras.

O "problema" da internet é o mesmo "problema" que infecta todas as coisas que poderiam ser usadas para o bem, mas acabam sendo usadas para o mal. Você conhece esse problema. Chama-se PECADO. A internet é uma das inúmeras áreas da vida humana que também foram afetadas pelo pecado e, por isso, tem seu funcionamento prejudicado.

Assim, as boas coisas que teríamos com a tecnologia acabam, pelo mau uso, trabalhando para a morte, em vez de servir à vida. Ao longo desta jornada, você viu vários aspectos pelos quais a morte, tristemente, tem reinado. No entanto, a morte não é digital. Ela é extremamente real! Quando os dados viajam na velocidade da luz pelas fibras óticas, carregando um boato, um insulto, um abuso entre um usuário e outro, esses bits de informação se traduzem para a realidade de forma letal, gerando amargura, desentendimento, tristeza e morte.

Sim, o mau uso da tecnologia se codifica na vida real como a morte dos relacionamentos.

Volto a dizer que o meu objetivo com este livro não é declarar guerra contra a internet. Eu não sou contra a tecnologia, sou contra o seu mal-uso. O que precisamos abandonar não é a internet, mas aquilo nela (e fora dela) que nos afasta de Deus e do próximo, dos relacionamentos reais da vida.

DE QUE PRECISAM NOSSOS RELACIONAMENTOS?

Vamos olhar novamente as últimas palavras de Paulo nesta seção da carta aos efésios. Todas as instruções que ele deu nos versículos anteriores (Efésios 4:35-31) resumem-se nessa proposição: "Sejam bondosos e compassivos uns para com os outros, perdoando-se mutuamente".

Bondade, compaixão e perdão.

Se repetirmos essas palavras a nós mesmos em cada interação que nos ocorrer, on ou off-line, não será necessário observar nenhuma outra regra, nenhuma outra orientação. Se o objetivo do que postamos, seja texto, seja mídia, é transmitir bondade ao outro, não precisaremos tomar cuidado para não sermos mentirosos, ofensivos, prejudiciais, imorais etc., porque a bondade impede esse tipo de atitude de florescer.

Da mesma forma, se buscarmos nos comunicar com compaixão — ou seja, *com paixão*, com amor pelo outro — será impossível que nosso interlocutor se sinta destratado ou humilhado. Ainda que fosse necessário proferir uma palavra de exortação ou reprovação, ela não deixaria dúvidas de nossas boas intenções.

Por fim, se nosso coração transbordar perdão, nós mesmos nãos nos sentiremos humilhados, ofendidos, exaltados com tanta frequência. Nossa primeira reação será a de perdoar o pecado do outro, "assim como Deus os perdoou em Cristo".

Cristo é o nosso paradigma, a nossa medida, e não as outras pessoas. Somos convidados a imitar o amor infinito de Deus, demonstrado em bondade, compaixão e perdão, em todos as nossas interações com o próximo.

ENTÃO, PROCURE INTERAGIR

Meu alerta final é para que seus relacionamentos assumam proporções reais. Que não fique tudo na nuvem, no digital, mas que se encarne.

A Bíblia diz que nosso relacionamento com o Pai foi consolidado somente depois da vinda de Jesus. Lemos que "Deus falou muitas vezes e de várias maneiras aos nossos antepassados por meio dos profetas, mas nestes últimos dias falou-nos por meio do Filho" (Hebreus 1:1-2a). Deus enviava mensagens ao seu povo por meio de profetas, sacerdotes e outros oficiais. Eles eram os roteadores que gerenciavam a conexão das pessoas com Deus.

Não podemos de forma alguma desvalorizar essa conexão. Ela custou caro para o Senhor. Nas páginas do Antigo Testamento você encontrará dezenas — talvez até centenas — de episódios em que indivíduos ou todo o povo de Deus se recusava a estabelecer conexão. Uma mensagem vinha lá do céu, e qual era a resposta do povo?

Servidor não encontrado

Ops!
A página não foi encontrada

Não é possível acessar esse site

Do lado do céu, a conexão nunca caiu. O Senhor insistiu "muitas vezes e de várias maneiras".

Até que...

> "Aquele que é a Palavra tornou-se carne e viveu entre nós. Vimos a sua glória, glória como do Unigênito vindo do Pai, cheio de graça e de verdade" (João 1:14).

Até que a conversa no Messenger virou um papo ao redor da mesa. Até que as fotos no Instagram se tornaram momentos vividos coletivamente. Até que um vídeo no Snapchat se tornou um episódio real.

Deus não ficou só mandando mensagens. Ele desceu, bateu na porta e pediu para entrar. Agora, seu povo não tinha apenas prints de tela com mensagens do Todo-poderoso. Eles podiam tirar selfies juntos, e em vez de postá-las, poderiam sair convidando mais pessoas para a selfie coletiva.

Nossa geração precisa se encarnar. Precisamos seguir o exemplo do Mestre, para quem a encarnação custou esvaziar-se a si mesmo, tornar-se servo, humilhar-se a si mesmo e morrer na cruz (Filipenses 2:7-8). Para nós, sem dúvida, qualquer ato de tornar-se real custará infinitamente menos que isso. Em muitos casos, significa apenas desgrudar os olhos da tela e fitá-los na pessoa à nossa frente.

Inspire-se no exemplo de Jesus, que deixou de ser virtual e tornou-se real por você. Use a internet, beneficie-se das comodidades que a tecnologia pode lhe proporcionar. Mas não permita que isso lhe roube sua humanidade.

Não devemos tolerar situações que desvalorizem nossos relacionamentos. Se valorizarmos o relacionamento, procuraremos preservá-lo, dando-lhe identidade e personalidade. Agir assim exige esforço e sinceridade. Somos responsáveis por aquilo que toleramos. Neste mundo é impossível escapar das imperfeições, mas se formos tolerantes, se oferecermos bondade, compaixão e perdão, certamente as situações boas nos relacionamentos serão mais constantes do que imaginamos.

Não devemos valorizar nossa felicidade às custas do bem do outro. Jesus agiu na contramão disso, entregando-se "por nós como oferta e sacrifício de aroma agradável a Deus" (Efésios 5:2). As pessoas que pensam em si somente, colocando-se acima de tudo são as mais infelizes do mundo. A felicidade deve ser a consequência de uma relação bem conduzida. Lutas são normais; porém, a maneira como as conduzimos definirá a qualidade de nossos relacionamentos. Lembre-se, muitas vezes, as lutas vêm para nos amadurecer.

Esforce-se e cultive o jardim em vez de só exigir a fruta! Saia de trás do seu celular, do seu avatar e experimente interagir cara a cara com alguém. Se isso parece radical demais, então faça uma ligação, uma chamada em tempo real. Afaste-se das práticas que vão empalidecendo e desbotando as relações.

Lute contra qualquer característica que possa levar à destruição de um relacionamento. Há dois tipos de pessoas no mundo: as que pensam no que querem e vivem apenas desejando sem nunca alcançarem seu objetivo; e as que pensam no que é preciso para realizar suas metas. As últimas cumprem sua parte, esperam a recompensa, fazem sacrifícios. Ao fim, são recompensadas por seus esforços. Qual delas você quer ser?

Você pode ser como Cristo. Basta ter um relacionamento real com ele e permitir que essa relação transborde em todas as outras relações da sua vida, na rede ou na rua.

RICHARDE BARBOSA GUERRA é natural de Belo Horizonte e desde cedo dedicou-se a investigar a natureza dos sistemas que nos rodeiam. Começou estudando Química Industrial no Centro Federal de Educação Tecnológica de Minas Gerais (CEFET-MG); depois, Química pura na Universidade Federal de Minas Gerais (UFMG), onde também cursou Astrofísica, e fez mestrado, não concluído, em Geologia. Em seguida, investiu na Teologia, área em que é pós-graduado em Estudos Pastorais e mestre em Teologia da Ação Pastoral na América Latina, ambos pela Faculdade Evangélica de Teologia de Belo Horizonte (FATE-BH). Paralelamente, lecionou Química e Teologia em várias escolas, cursinhos, faculdades e seminários durante vinte anos. No Centro de Treinamento Ministerial Diante do Trono (CTMDT), foi titular da cadeira de Transformação e Cosmovisão por onze anos, experiência essencial para escrever este livro. Foi diretor do curso de Química da Universidade Vale do Rio Verde (UninCor-BH) até encerrar a carreira de professor de Química Analítica e se dedicar exclusivamente ao ministério pastoral. É membro da Igreja Batista da Lagoinha desde 2000, que pastoreia desde 2006, assumindo em 2012 a liderança da juventude junto com o Pr. Lucinho Barreto. Atualmente, é professor do Seminário Teológico Carisma e já participou da implantação de 104 igrejas: em várias partes do Brasil e em vários países tais como Portugal, Nepal, Japão, Alemanha, Espanha, Inglaterra, Suíça, Panamá, Colômbia e França. Este é seu trigésimo primeiro livro. É o responsável por todo o departamento de Comunicação da igreja e o ministério Lagoinha Gerações que atua em todas as faixas etárias desde as crianças até a terceira idade. Casado com Priscila Guerra e pai de Daniel e Josué.

Este livro foi impresso em 2023, pela Vozes,
para a Thomas Nelson Brasil. A fonte usada no
miolo é Chaparral corpo 11,5.
O papel do miolo é pólen natural 70 g/m².